SAUVONS
LES MARONITES

PAR L'ALGÉRIE ET POUR L'ALGÉRIE

SOLUTION PROVISOIRE DE LA QUESTION D'ORIENT

PAR

E. VAYSSETTES

« Ils vous supplient de leur faire quit-
« ter à jamais un pays où ils ne sont
« plus en sûreté et qu'ils ne sauraient
« plus habiter ; car ils ne peuvent plus
« y trouver aucune sécurité ni aucun
« moyen de gagner leur pain de chaque
« jour. »
*(Les survivants de Dar-el-Kamar
aux Consuls européens de Beyrouth).*

SE VEND :

A ALGER		A PARIS
Chez Bastide, libraire-éditeur,		Chez Challamel, libraire,
place du Gouvernement.		rue des Boulangers, 30.

ET CHEZ TOUS LES LIBRAIRES DE L'ALGÉRIE.

1860

Situation des Maronites en 1860.

Alger, 5 août 1860.

Un cri suprême, immense, cri d'angoisse et de pitié, de torture et de mort, vient de retentir, comme un tocsin d'alarme, de l'Orient à l'Occident : La Syrie est en sang, la Syrie est en feu !... On égorge les chrétiens, nos frères, on tue les vieillards, on massacre les enfants, on outrage les femmes, on profane les filles, on déchire les entrailles des mères ! Horreur ! horreur !

Des sommets du Liban aux rives de la Méditerranée, des torrents rougis de sang, grossis de larmes, charrient jusqu'à la mer les cadavres mutilés, les membres épars de milliers de victimes ! A chaque pierre du chemin, à chaque buisson, des lambeaux de chair, des os à demi-rongés, des tronçons de corps humains, des débris informes que la pourriture et les chiens disputent aux oiseaux de proie ! Partout, sur les sentiers de la montagne, comme au fond des vallées, des restes de populations décimées, dispersées, ruinées, des familles aux trois quarts anéanties, des veuves et des orphelins jetant au ciel leurs douleurs et leurs souffrances, fuyant devant le fer et la flamme, pour succomber, sous le poids de la fatigue, aux étreintes de la faim ou du désespoir ! Ici, l'époux égorgé sur les genoux de l'épouse, et l'épouse ainsi forcée, sublime malheureuse ! de servir comme de billot aux bourreaux qui vont bientôt l'outrager à son tour ! Là, l'enfant

arraché sans pitié au sein de sa mère, pour être écartelé et
foulé aux pieds ! Plus loin, des vieillards assommés à coups
de crosse de fusil, des matrones étouffées ou brûlées, des
prêtres, des moines hachés, coupés en morceaux ; des vier-
ges, des martyres traînées aux harems, comme les brebis à
l'abattoir, pour être livrées aux plus odieuses profanations !
Enfin, le plus violent fanatisme s'aidant de la trahison, du
meurtre, de l'incendie, du pillage et du viol ! Tel est le som-
bre et hideux, mais trop réel spectacle qu'offre en ce moment aux yeux du monde stupéfait, la chaîne du Liban.

Aux premiers cris de détresse poussés, il y a un mois,
par les premières victimes de cet immense guet-à-pens, l'Europe s'émut, sans pourtant s'alarmer ; elle eût voulu douter ;
elle eût voulu croire à un cas isolé, à quelque vengeance
personnelle, à une exagération ; elle espérait d'un jour à l'autre un démenti, ou du moins une atténuation quelconque dans
l'étendue du mal que les correspondances venues de ce pays,
dignes de foi, sans doute, mais écrites peut-être sous une
trop vive impression, attribuaient aux faits par elle rappor-
tés. Hélas ! aujourd'hui, plus de doutes à cet égard, plus
de fausses espérances. — « Quel que puisse avoir été le com-
« mencement de ce mouvement, s'écriait naguère le *Times*,
« il n'est pas douteux qu'il est devenu formidable. Hier,
« il y avait lutte entre deux tribus des montagnes ; demain
« peut-être éclatera le soulèvement de toutes les races mu-
« sulmanes contre les chrétiens que, par suite des derniers
« événements, elles haïssent et redoutent plus que ja-
« mais. »

Ce lendemain est arrivé. Le *Moniteur* officiel de l'Empire
l'a confirmé dans sa note insérée en tête du numéro du 20
juillet. Les relations diplomatiques ont fait connaître toute
l'étendue du désastre. Hasbeya, Rasheya, Zahlé, Dar-el-
Kamar et tous ces autres bourgs ou villages qu'habitaient les
Maronites, brûlés, détruits, rasés, après que leurs habitants
ont été lâchement, traîtreusement assassinés, mutilés, déchi-

quetés à coups de poignards ou de haches, jettent aux vents
la poussière de leurs cadavres calcinés, de leurs maisons ré-
duites en cendres, pour crier à l'Europe épouvantée : Vengeance ! Vengeance !...

Des milliers d'orphelins, des veuves éperdues, échappés
providentiellement à la rage des brigands féroces déchaînés
contre eux, tendent vers nous leurs bras tremblants, implorent notre secours. « Ils supplient, nous disent ces malheu-
« reux dans leur détresse, ils supplient les gouvernements
« protecteurs des chrétiens, en leur disant que tout leur
« crime est d'être chrétien et que c'est le réel motif pour
« lequel ces massacres ont eu lieu. Ils les prient de les re-
« garder d'un œil bienveillant et de prendre des mesures
« *pour les faire sortir de ce pays*, où ils ne trouvent plus de
« sûreté pour leur vie, ni des moyens pour subsister. Ils se
« jettent aux pieds des Majestés que cela concerne, et les
« prient de leur accorder leur demande, en procurant du
« repos à leurs âmes en peine, *de les amener dans le pays*
« *qu'ils choisiront pour eux*. En faisant cela, ils auront fait une
« bonne œuvre devant Dieu, et les bénédictions de pauvres
« femmes et de pauvres enfants monteront vers le Ciel. »

Leurs prières ont été en partie entendues. A l'heure qu'il
est, la France, toujours la première, toujours aux avant-pos-
tes quand il s'agit de donner son argent ou même son sang
pour soulager l'infortune ou secourir l'innocent opprimé, pu-
nit d'un châtiment énergique et justement mérité, ces hordes
barbares que le fanatisme le plus sauvage a précipitées sur
nos malheureux frères, les chrétiens du Liban. La répression,
espérons-le, sera exemplaire.

Mais quand nos armes auront rétabli la tranquillité sur ces
montagnes dévastées, quand la terre aura bu, pour la seconde
fois, le sang des bourreaux que réclament tant de victimes,
quand nos bataillons auront vaillamment accompli leur œuvre de suprême justice, quel sera encore le sort des Maronites au milieu de populations plus haineuses, plus hostiles

peut-être le lendemain de leur défaite qu'au jour de leur coupable triomphe ? Peut-on espérer éteindre dans l'effusion du sang les haines profondes, invétérées, que leur jurèrent de tout temps ces farouches ennemis du nom chrétien, les Druses, les Mutualis, les Kurdes, les Turkomans et les Turcs ? Veut-on exterminer jusqu'au dernier ces fanatiques sectaires dont les crimes récents attirent, en ce moment, sur leur tête, de si justes représailles ?

D'un autre côté, allons-nous pour toujours dans ces contrées substituer notre drapeau au drapeau ottoman, qui ne sait plus ni commander, ni se faire respecter ? L'heure est-elle venue pour les cours de l'Europe, d'exécuter la menace par laquelle le journal de la Cité de Londres terminait l'article dont nous avons donné un extrait plus haut ? — « Si cependant, disait-il, il est prouvé que la Porte est incapable de maintenir l'ordre, il sera temps alors d'examiner si le Turc n'a pas assez longtemps vécu, et si les nations chrétiennes ne doivent pas délibérer sur l'avenir de cette intéressante et malheureuse contrée. » — Grave question qui s'agite sourdement en Europe depuis bien des années, à laquelle l'avenir répondra sans doute, mais qu'il ne nous appartient pas de sonder ici, parce que sa solution dépend plus de l'entente des têtes couronnées que de l'opinion publique.

En tout état de cause, que vont devenir les infortunés Maronites, quand nous les aurons vengés et ainsi soustraits momentanément au poignard de leurs assassins ? Leur rendrons-nous leurs foyers en cendres, leurs villes saccagées, leurs champs dévastés, leurs campagnes désertes, leurs fortunes anéanties ? Eux-mêmes pourront-ils encore voir une patrie là où leur œil ne rencontrera plus que cendres et que ruines, où, à chaque pas, leur pied errant ira se heurter contre une tombe, où la place qu'occupa le foyer domestique ne rappellera plus à leurs frères survivants que scènes de carnage et déchirantes douleurs ? Sur ce sol témoin de tant d'inénarrables misères, souvenir vivant des plus lamentables atrocités, abreuvé, engraissé du sang des siens, le laboureur ira-t-il, reprenant la bêche ou la charrue, tracer encore son sillon et confier à la terre sa semence? Oh ! non, il craindrait d'entrouvrir la légère motte sous laquelle gît peut-être un membre de sa famille ; à chaque caillou, à chaque ronce, il sentirait son cœur frissonner et sa main défaillir ; il n'oserait porter à sa bouche des fruits ainsi germés dans les larmes et recueillis dans l'amertume des souvenirs.

Epargnons aux survivants de cette vaste boucherie de telles horreurs, de tels déboires. Que la France ne se contente pas de les arracher à la fureur de leurs ennemis; qu'elle les mette pour toujours à l'abri de ces massacres périodiques, qu'elle prévienne le retour de telles hontes. A ceux qui n'ont plus de patrie, qu'elle donne une patrie nouvelle ! Qu'elle leur offre à *cultiver les champs fertiles de l'Algérie* ! Là, d'immenses espaces sont en friche; là, flotte notre drapeau craint et respecté; là, mieux encore que sous la protection momentanée de nos baïonnettes, ils apprendront à bénir notre nom et ressentiront les bénéfices de notre salutaire influence.

Attirer et fixer les Maronites en Algérie, tel est le but de la présente publication.

L'idée n'est pas nouvelle. Elle a déjà été traitée, il y a plusieurs années, par des esprits sérieux, et entr'autres par M. de Baudicour, que nous aurons à citer souvent, quoique la différence des temps et les changements survenus dans la situation politique de l'Algérie et de la Turquie ne nous permettent pas aujourd'hui d'accepter toutes ses vues. C'est donc, sous de nouveaux aspects que nous aurons à envisager la question. D'ailleurs, les événements du jour lui donnent un tel caractère d'actualité, qu'il semble difficile de croire que l'opinion publique n'y prêtera pas un instant son attention. Nous n'avons qu'une crainte, c'est que notre plume ne soit pas à la hauteur du sujet et ne rende pas fidèlement ce que nous voudrions exprimer. Mais peut-être, si faibles que soient nos efforts, serons-nous assez heureux pour inspirer à quelqu'un des maîtres de la presse l'idée d'apporter dans ce débat le poids de son nom et de son talent. Si sa parole est écoutée, notre ambition sera largement satisfaite.

Quels avantages offrirait au triple point de vue de la **politique,** de l'**humanité** et de la **colonisation,** la transplantation des Maronites sur le sol algérien ? telles sont les trois faces sous lesquelles nous allons examiner la question.

I

Question politique.

—

Jetons avant tout un coup d'œil rétrospectif sur l'histoire de la Syrie et des populations qui l'habitent, et examinons quels sont les rapports qui, jusqu'à nos jours, ont existé entre ce pays, les Turcs dont il relève, et les puissances occidentales dont il a eu plus d'une fois à réclamer l'intervention.

La Syrie qui, au temps de la Bible et d'Alexandre, joua un si grand rôle dans l'histoire de l'antiquité payenne ; qui, sous la dynastie des Séleucides, atteignit un si haut degré de splendeur, fut comme le reste du monde incorporée, dès l'an 64 avant J.-C., à la grande famille romaine. Plus tard, ravagée par les Parthes et puis par les Perses, envahie par les Arabes au septième siècle de notre ère, occupée au onzième et douzième siècles par les Croisés qui y fondèrent diverses principautés chrétiennes, reprise par les musulmans à la fin du treizième, ravagée par les Mongols au quatorzième, elle fut définitivement conquise par les Ottomans en l'année 1516, et depuis lors n'a cessé de leur appartenir, au moins nominativement. Les désordres que nous déplorons à cette heure et que le sultan de Constantinople a été impuissant à prévoir et plus impuissant à réprimer, ne prouvent que trop combien son autorité y est mal assise.

La population de ce pays s'élève aujourd'hui à environ deux millions d'habitants, qui présentent le plus singulier mélange :

ce sont des Turcs, des Turkomans, des Kurdes, des Arabes, des Druses, des Mutualis, des Bédouins, des Syris, divisés en Melchites et Maronites, des Juifs, des Arméniens, des Nestoriens. Les Musulmans sont au nombre d'environ 1,200,000.

Mais entre tous ces peuples si différents d'origine, de mœurs, de religion, sur lesquels ni les historiens, ni les géographes, ni les ethnographes ne sont bien fixés, il en est deux surtout que nous devons étudier de plus près, parce que à eux deux ils occupent plus particulièrement la scène sur laquelle se joue le drame horrible qui tient en ce moment fixé sur lui tous les yeux de l'Europe. Ce sont les Maronites et les Druses.

Les premiers, dont tout dénote l'origine syrienne, habitent de temps immémorial la partie du Liban comprise entre Tripoli, Beyrouth et Damas, et particulièrement le district de Kes-Rouan. Ils sont au nombre de 200 à 250,000. Kanobin, résidence du patriarche, peut être considérée comme leur chef-lieu. Ils occupent en outre, seuls, 370 bourgades ou villages dont les infidèles sont exclus, et sont mêlés à ceux-ci dans 287 localités qui constituent le territoire mixte.

Gouvernés par des *cheïkhs* ou notables, ils ont une constitution politique qui est celle d'une république militaire. Sous le rapport religieux, ils obéissent à un patriarche qui relève directement du pape, et suivent le rite latin. Le mariage est permis aux prêtres du bas-clergé seulement. Un grand nombre de monastères donnent asile à des moines vivant sous la règle de St-Antoine et qui se font remarquer par leur bienveillance, leur activité, leur industrie. On leur doit la prospérité de la montagne ; la science et les arts ont trouvé parmi ces religieux des représentants éminents. Les chefs de famille envoient leurs enfants à Rome pour y être élevés. A Aïn-Warkah, dans le Kes-Rouan, existe une école, la plus renommée de toute la Syrie, où l'on apprend la langue arabe qui est la langue maternelle des populations, le syriaque, le latin et l'italien. En outre, le couvent de Kascheya possède une imprimerie maronite où s'impriment tous leurs livres liturgiques en langue syriaque.

Race belliqueuse, les Maronites maintinrent, même sous la domination de l'islamisme, leur indépendance politique et religieuse, qu'ils ont également réussi à conserver jusqu'aud'hui, en acquittant un tribut à la Porte ottomane. A l'époque des croisades, ils se joignirent à nous pour délivrer la Syrie des Musulmans et, si l'on en croit la tradition, ils sacrifièrent dans la guerre sainte 50,000 de leurs enfants. Après l'expulsion des Français, ils gardèrent, à travers toutes les révolutions de leur pays, leur indépendance, leur foi naïve et pure, leur amitié pour la France. Aussi celle-ci se montra-t-elle toujours prête, comme elle fait encore aujourd'hui, à protéger de son influence, et au besoin à secourir de ses armes, ceux qu'elle n'a jamais cessé de considérer comme d'anciens et fidèles alliés.

Dans leur vie privée, ils s'adonnent avec ardeur au travail, cultivent la terre de leurs propres mains et vivent surtout du produit de leurs vignes et de leurs mûriers. Pour la simplicité des mœurs, la modération et l'hospitalité, ils ressemblent aux anciens Arabes. Le voyageur chrétien trouve toujours sous leur toit rustique une réception simple, mais cordiale.

Les Maronites ont pour ennemis irréconciliables les Druses qui habitent, au nombre de 100 à 150,000, les districts voisins au Sud, et vivent comme eux, dans une presque complète indépendance. Leur histoire religieuse est peu connue. Un fait certain, toutefois, c'est qu'ils croient à la métempsychose et qu'ils adorent un veau, parce qu'ils sont persuadés que l'âme de leur fondateur Hakem, kalife d'Egypte en 1030, a passé à la suite de la transmigration dans le corps d'un de ces animaux. Cette croyance suffit pour les faire rejeter par les Turcs orthodoxes (1). Ils n'habitent le Liban que depuis le quatorzième siècle, époque à laquelle ils sont

---

(1) Voir, à la fin du volume, la note A.

venus s'y réfugier, pour éviter la persécution des Mahométans d'Egypte, avec lesquels ils avaient vécu jusque-là.

Adonnés comme les premiers à l'agriculture et au commerce, ils forment cependant avec eux un contraste frappant par la rudesse de leurs mœurs, leur férocité guerrière, leur esprit inhospitalier, et on peut dire qu'ils représentent la barbarie musulmane dans toute sa dureté sauvage. Ils sont également ennemis des Turcs et ont presque toujours été en lutte avec eux. Avant 1840, ils étaient gouvernés par des émirs héréditaires qui étaient en même temps princes des Maronites. Le dernier d'entre eux, l'émir El-Béchir, grâce à ses qualités personnelles et au prestige qui s'attachait à son nom, avait pu, pendant un commandement qui ne dura pas moins de 65 ans, maintenir presque la tranquillité sur ces montagnes. Mais sa chute, déterminée à la suite des événements survenus en 1840 entre le sultan de Constantinople et le pacha d'Egypte, qui avaient fait de la Syrie leur champ de bataille, livra de nouveau ce pays à tous les désordres de la guerre civile.

A l'instigation, on pourrait même dire sous la pression des grandes puissances de l'Europe et surtout de l'Angleterre, la Porte, en 1840, donna à chacune des deux races une administration distincte sous un chef particulier ou kaïmakam. Mais cet arrangement n'ayant point satisfait les deux partis, en 1842 elle se crut en état de mettre un terme aux incessantes guerres des Druses et des Maronites, en intervenant entre eux à main armée, et en établissant Omar-Pacha en qualité d'administrateur turc du mont Liban. Les procédés arbitraires de ce fonctionnaire déterminèrent les deux tribus à se coaliser pour se révolter ouvertement contre la Porte. Après la victoire qu'elles remportèrent le 13 octobre 1842, au village d'Edhen, la Turquie, cédant aux représentations des grandes puissances, rappela Omar-Pacha et ses troupes, régla l'administration des deux kaïmakam, et deux ans plus tard accorda aux Maronites diverses concessions.

Toutefois, dès le mois d'avril 1845, la lutte recommençait, plus acharnée que jamais, entre les deux tribus ; et les débuts en furent d'abord favorables aux chrétiens. Mais *les troupes du pacha turc s'étant réunies à celles des Druses*, les Maronites essuyèrent défaite sur défaite. Au bout de deux mois, 170 de leurs villages avaient été incendiés ; 12,000 de leurs guerriers avaient succombé, et un tout aussi grand nombre s'étaient vus contraints par la misère à se débander. A la demande des grandes puissances, la Porte intervint encore une fois en armes. On crut assurer la pacification du pays en lui accordant une constitution nouvelle, et en instituant une assemblée consultative composée de représentants de chacune des sectes religieuses existant au Liban. Cependant les hostilités entre Druses et Maronites n'en continuèrent pas moins sans interruption ; les nouvelles tentatives faites par les grandes puissances, à la fin de 1847, pour y mettre un terme, demeurèrent inutiles. Les effroyables massacres auxquels nous assistons aujourd'hui, tout en étant une condamnation flagrante de la nullité des mesures prises jusqu'à ce jour, prouvent qu'il faut chercher en dehors de toute protection européenne les moyens de salut que ce pays réclame.

Vingt ans de combinaisons diplomatiques n'ont abouti qu'à envenimer davantage les haines séculaires qui divisent les deux races principales du Liban. Grâce au système d'administration établi depuis la fameuse mission de 1845, les choses en sont venues à ce point que, tandis qu'il y avait au moins avant cette époque une guerre civile, en 1860 il ne pouvait plus y avoir que des massacres. Or, ces haines, ces massacres, éclatent aujourd'hui dans des proportions telles qu'il n'est pas possible d'en prévoir la fin, si on ne coupe le mal dans sa racine, si on ne sépare à tout jamais le Druse du Maronite, si on n'enlève à l'un des deux la proie que sans cesse il guette et qu'il atteindra toujours, quelque vigilante, quelque puissante que soit la surveillance.

Tirer les Maronites de la Syrie pour les transplanter dans nos possessions d'Afrique, telle est la seule combinaison politique possible, la seule efficace.

Nous disons qu'elle est la seule possible.

En dehors de cette combinaison, trois systèmes se présentent :

1º Continuation du protectorat tel qu'il existe aujourd'hui, renforcé d'expéditions quasi-périodiques ou d'une occupation permanente de nos troupes ou de celles de tout autre Etat européen ;

2º Transformation de la Syrie en vice-royauté, comme est l'Égypte, sous le commandement de l'ex-émir El-Hadj Abd-el-Kader ;

3º Démembrement de la Turquie et partage entre les puissances européennes.

Reprenons chacun de ces systèmes et voyons ce qu'ils peuvent et ce qu'ils valent.

Quand, après les événements de 1840, les principaux États de l'Europe, l'Angleterre à leur tête, voulurent substituer dans le Liban leur influence à celle de la France, qui en était en possession depuis des siècles, ils crurent faire beaucoup pour ce pays en imposant au Sultan une administration distincte pour chacune des deux races et des deux religions.

La solution eût pu être bonne, si les deux peuples eussent vécu sur deux territoires séparés ; mais mêlés comme ils le sont presque partout, sur le flanc des montagnes, dans le fond des vallées, comme dans la plupart de leurs villages, cette séparation d'un pouvoir jusque-là assez fort parce qu'il avait été unique, ne fit que l'affaiblir en le divisant et ajouter une nouvelle cause de conflits, sans rien ajouter à ses moyens de répression ; au contraire. Les concessions successives qui, sur leur demande, furent accordées aux deux partis, sont restées également inefficaces. Les troubles n'ont pas cessé de continuer. La Porte, mal conseillée, plus mal soutenue par certains cabinets plus jaloux de leur prépondérance propre que des intérêts ottomans, n'a pas su conjurer la sanglante catastrophe dont les massacres de 1845 et 1847 n'étaient que le prélude.

Aujourd'hui, de nouveau, en 1860, les puissances de l'Europe sont appelées à intervenir dans les arrangements de la Syrie ; mais cette fois, c'est la France qui est à leur tête, et la France ne se contentera pas de quelques conférences diplomatiques. Elle n'admettra pas que, pour réparer le passé et assurer la sécurité dans l'avenir, on passe, comme le disait dernièrement avec une louable énergie un écrivain du *Constitutionnel*, on passe l'éponge sur le sang des chrétiens et que tout soit dit. La France, non contente de prêter à la Turquie impuissante son appui moral, la soutiendra de son argent et de ses armes. Encore une fois, le sang de ses enfants coulera pour faire triompher la cause de la civilisation et de l'humanité, dont elle est le plus haut représentant sur cette terre. Elle infligera à ces bandes d'assassins et d'incendiaires un châtiment exemplaire ; elle obtiendra des réparations pour les victimes ou leurs familles ; elle arrêtera, pour le moment, le cours de ces horribles massacres qui ont fait du Liban un vaste champ de meurtre et de désolation. Oui, tant que nos troupes seront là, présentes, l'arme au bras et le sabre à la main, l'insurrection, nous n'en doutons pas, sera étouffée ou du moins n'osera relever la tête. On pourra croire à un simulacre de paix qui ne sera qu'une sorte de compromis tacite entre la terreur du moment, provoquée par la présence de nos armes, et une haine invétérée, désormais d'autant plus à craindre, qu'elle se croira en droit d'exercer de justes représailles. Mais viennent nos soldats et nos escadres à reprendre le chemin de la mère-patrie. à peine la dernière voile aura-t-elle disparu à l'horizon, que le Druse, sortant de ses repaires, s'élancera de nouveau, le poignard d'une main et la torche de l'autre, sur le Maronite trop faible pour se défendre, parce qu'il aura trop compté sur notre protection. Comme une bête féroce altérée de sang, il se jettera sur sa proie que ne protégeront plus nos baïonnettes ; et l'œuvre d'extermination recommencera, cette fois, plus implacable, plus universelle, plus rapide que jamais ; car le meurtrier aura hâte, par crainte de retour de nos armes, d'en finir avec la dernière de ces infortunées victimes.

Ceci n'est point une vaine fiction, ni un tableau chargé à plaisir. C'est l'histoire de tout le passé chez ces deux races opiniâtres, où l'inimitié subsiste depuis des siècles et se transmet avec le sang de père en fils, comme le plus sacré et le plus inviolable des héritages. C'est l'histoire de toutes les guerres de religion chez tous les peuples barbares que la civilisation n'a point encore visités et chez lesquels la liberté de conscience est un mot inconnu. Quand pénètrera-t-elle dans ces montagnes, au cœur de ces peuplades farouches, impatientes de tout joug et pourtant asservies au plus impérieux des servilismes, celui de la foi qui ne se raisonne point, de la fatalité qui s'impose, du fanatisme qui commande ? Des siècles sans doute s'écouleront, et alors l'œuvre de destruction sera accomplie. Nos frères les chrétiens du Liban auront disparu égorgés un à un ou massacrés en masse par de sombres et implacables sectaires, et leur nom n'apparaîtra désormais dans l'histoire que pour dire à la postérité ce qu'ils souffrirent, et ce que l'Europe chrétienne et civilisée ne sut ou ne voulut pas faire pour eux.

Il y aurait sans doute un moyen d'empêcher le retour de pareils massacres et de sauver les Maronites de la menace certaine de mort qui restera toujours suspendue sur leurs têtes. Ce serait de faire subir au vainqueur d'aujourd'hui la loi du talion, ce serait d'exterminer les Druses jusqu'au dernier. Mais qui oserait, au dix-neuvième siècle, conseiller un tel acte de barbarie ? Quelle puissance européenne voudrait se rougir les mains du sang de cent mille victimes ? Où seraient les bourreaux assez cruels, assez lâches pour se prêter à l'accomplissement d'un tel massacre ? Seraient-ce les soldats de la France ? La France châtie et pardonne : elle n'assassine point. Et pourtant, tant qu'au sein du Liban se trouvera une mère druse pour enfanter et donner le jour à un rejeton de sa race, un ennemi acharné du chrétien maronite subsistera pour lui vouer vengeance et malédiction.

On a parlé de traités et de trèves survenus à diverses reprises entre les deux peuples. Un journal anglais, le *Morning-Post*, qui, dans ces derniers temps, semble s'être fait le champion des assassins et le triste avocat du crime, faisait naguère sonner bien haut le traité imposé aux Maronites le lendemain des massacres, et accepté par eux sous la pression des autorités musulmanes. Mais, en 1845, il y eut aussi une paix signée entre les deux partis ; les vaincus consentirent à l'oubli du passé, et à quoi leur servit leur condescendance ? A assurer l'impunité de leurs bourreaux.

Aujourd'hui, moins que jamais, un tel acte dérisoire imposé aux chrétiens survivants de Syrie par les assassins qui tiennent levé sur eux le poignard encore fumant du sang de leurs pères et de leurs frères, ne saurait plus être pris au sérieux. C'est, comme le disait le journal la *Patrie*, la lâcheté ajoutée au crime, et l'hypocrisie entée sur le meurtre, c'est la diplomatie de l'assassinat. — Nous avons pillé vos propriétés, incendié vos maisons, tué vos enfants, égorgé et déshonoré vos filles et vos femmes ; faisons la paix et oublions ce qui est arrivé !

A ce langage, qui n'est autre que celui des Druses dans ces dernies temps, les Maronites ne seraient-ils pas en droit de répondre :

« — A quoi nous servirait une telle paix ? *A quoi bon l'oubli du passé* (1) ? Encore quelques traités comme celui-là, après des massacres comme ceux de Dar-el-Kamar, de Zahlé et d'Hasbeya, et le but de vos négociateurs qui est d'*extirper les causes de désunion existant entre vous et nous*, serait complète-

____

(1) Voir note **B**.

ment atteint ; il n'y aurait plus un seul de nos enfants au Liban. On cesse de nous tirer dessus quand l'Europe s'indigne et menace ; on recommence quand on la croit occupée ailleurs. »

Et ils auraient raison ; car il en sera pour ce malheureux peuple toujours de même : des haines séculaires de fanatisme et de race ne s'éteignent pas dans le sang ; elles s'y ravivent et s'y fortifient.

Voilà pourquoi la France, après avoir obtenu, non pas sans beaucoup de pourparlers et sans avoir grandement excité les susceptibilités jalouses de nos voisins d'outre-mer, l'adhésion et le concours des grandes puissances, a cru devoir cette fois intervenir les armes à la main et occuper militairement la Syrie.

Mais combien durera cette intervention directe, cette occupation ?

Intervenir, occuper, s'était écrié le *Times* en un jour de bel enthousiasme, ce n'est pas assez. Il faut occuper d'une manière permanente. Les demi-mesures, les demi-remèdes ne suffisent plus.

Et ce jour-là, le *Times* avait raison ; car il parlait sous l'inspiration du premier mouvement, celui qui, au dire de Talleyrand, est toujours le bon (1). Mais quand, avec le lendemain, vint la réflexion, il avait changé d'avis, et s'il ne disait pas tout-à-fait avec le *Morning-Post* : « Périssent tous les chrétiens de la Syrie, plutôt que l'occupation de ce pays par les troupes françaises ! » il n'était pas éloigné de le penser.

Quand on songe à tous les embarras, à tous les *impedimenta* suscités à la France par la diplomatie soupçonneuse des autres cours de l'Europe, alors qu'il n'était question que d'apporter un prompt et énergique remède aux maux affreux

____

(1) **Voir note C.**

qui désolaient le Liban ; quand on se rappelle que pour avoir le droit de secourir, au prix de notre sang et de notre argent, les malheureux qui nous tendaient leurs bras, et pouvoir détourner à temps le poignard qui menaçait de les frapper tous jusqu'au dernier, l'Empereur, par une solennelle protestation, dut se défendre aux yeux de l'Europe(1) de ses propres sentiments, et rendre l'opinion publique de son pays responsable d'un tel acte de dévouement et d'humanité, peut-on admettre qu'une occupation de notre part, même temporaire, sera possible ? Depuis douze ans que des soldats sont à Rome pour soutenir le trône vacillant du chef de la chrétienté, que de réclamations, que de défiances n'a pas suscité cet abandon d'une partie de nos forces ? Il a fallu les circonstances exceptionnelles dans lesquelles s'est produite cette occupation et toute la politique à la fois ferme et habile de Napoléon III, pour la rendre tolérable aux autres nations. Que serait-ce s'il était question de prendre pied, même sur le plus petit coin de terre de l'empire ottoman, de cet empire objet de tant de convoitises et dont toute la force est depuis longtemps dans l'unique désaccord qui règne entre les copartageants ? On ne manquerait pas de crier aussitôt à l'usurpation, à l'envahissement, à la monarchie universelle, et la France, quelque forte qu'elle soit, quelque bien intentionnée qu'elle fût, se verrait contrainte de céder devant le *tolle* général poussé par la méfiance jalouse des autres États de l'Europe.

Le *Morning-Post* et avec lui toute la presse anglaise, ne

---

(1) Dans sa lettre écrite de Paris le 29 juillet 1860, à notre ambassadeur à Londres, le comte de Persigny, pour être communiquée à lord Palmerston, lettre reproduite par tous les journaux, l'Empereur disait: « Je souhaiterais beaucoup ne « pas être obligé de faire l'expédition de Syrie, et, dans tous les cas, de ne pas la « faire seul ; d'abord, parce que ce sera une grosse dépense, et ensuite parce que je « crains que cette intervention n'engage la question d'Orient. Mais d'un autre côté, « je ne sais pas comment résister à l'opinion publique de mon pays, qui ne com- « prendra jamais qu'on laisse impunis non seulement le meurtre des chrétiens, « mais l'incendie de nos consulats, le déchirement de notre drapeau, le pillage des « monastères qui étaient sous notre protection. »

disait-il pas, la veille même où l'intervention de la France fut
enfin décidée, le 1er août : « Elle peut se justifier, mais c'est
« déplorable. L'occupation est aisée ; mais l'évacuation, voilà
« le point difficile ; Rome en est la preuve. Une occupation
« de Jérusalem et de quelques ports syriens, *serait pour*
« *l'Angleterre une source féconde en mécontentements, en ja-*
« *lousies et en craintes.* Nul ne peut dire quand les sauvages
« tribus des montagnes et les descendants des anciens Sarra-
« sins voudraient soumettre aux armes de l'Occident leur
« indomptable fanatisme, encore moins quand les armées de
« l'Occident pourraient quitter le pays, dans l'assurance de
« sa tranquillité pour l'avenir. »

Et voilà pourquoi, sans doute, dans le protocole signé le
6 août 1860, à Paris, entre les grandes puissances européennes, au sujet de leur intervention en Syrie, il a été dit :
« Art. 5. Les Hautes-Parties, convaincues que ce délai sera
suffisant pour atteindre le but de pacification qu'elles ont en
vue, fixent *à six mois* la durée de l'occupation des troupes
européennes en Syrie. »

Six mois assignés à la France pour rétablir la paix dans ce
pays !... C'est trop, s'il ne s'agit pour nos armées que de
châtier de misérables assassins. C'est une dérision, si l'on
espère par là assurer le sort des chrétiens après notre départ. Oh ! jaloux égoïsme, que tu es inhumain dans tes calculs !

Il n'y a donc pas d'occupation permanente possible de la
part de la France, et encore bien moins de la part de toute
autre nation. Ce que la première ferait dans un but d'humanité et de gloire, les autres ne l'entreprendraient qu'en vue
d'un profit matériel et palpable, et, bien moins qu'elle, seraient par conséquent admises à réaliser les bases de telles
prétentions.

Faudra-t-il alors, à chaque nouvelle alerte donnée à l'Europe par les chrétiens d'Orient, renouveler ces expéditions
lointaines, que les lenteurs et les entraves de la diplomatie

rendent si longues et si difficiles à organiser, expéditions toujours si coûteuses en hommes et en argent, et dont le plus grand inconvénient est d'arriver presque toujours trop tard, alors que le mal est fait et qu'il n'y a plus moyen de le réparer ? Mais la France elle-même se lasserait de telles interventions, et ce qu'elle fait aujourd'hui avec tant d'élan et de désintéressement, elle pourrait bien, vu l'insuccès à venir, le refuser demain.

Si d'un autre côté, cependant, il est démontré — les derniers événemens ne le prouvent que trop, — que la Turquie livrée à elle-même est plus que jamais impuissante à prévenir et à réprimer de tels désordres ; que — chose bien autrement grave, — ses agents en Syrie ont pactisé à Dar-el-Kamar, comme à Damas, comme partout, avec les meurtriers des chrétiens ; qu'ils ont lâchement laissé les assassins achever en toute sécurité leur œuvre de mort, quand eux-mêmes ils n'en ont pas été les instigateurs (1) ; si tout cela est vrai, les puisssances européennes, au nom de l'humanité qui est le droit éternel des peuples, doivent proposer et au besoin imposer au sultan de Constantinople un mode de gouvernement tout autre que celui qui a présidé jusqu'à ce jour aux destinées des peuples du Liban.

Voilà pourquoi il a été beaucoup question dans ces derniers temps de constituer en royaume ou en vice-royauté la Syrie, le Liban et toute la zone, et d'en confier le commandement unique à notre ancien rival, aujourd'hui notre ami, l'ex-émir El-Hadj Abd-el-Kader.

Sans doute si, cédant à la pression des grandes puissances, la Porte pouvait consentir à ce premier démembrement de son Empire, certes nul mieux qu'Abd-el-Kader ne serait à même de gouverner et de conduire le pays. Bien des raisons militent en sa faveur.

La lutte glorieuse qu'il a soutenue pendant quinze ans

---

(1) **Voir note D.**

contre nous, les talents militaires et politiques dont il a toujours fait preuve, l'influence morale qu'il a su conquérir parmi ses coreligionnaires du Levant, tant par sa haute intelligence que par son titre de chérif, le degré élevé de civilisation qu'il a acquis au contact de nos mœurs et de nos institutions européennes, enfin sa fidélité inviolable à garder la foi promise, et le beau rôle qu'il a joué à Damas pendant les derniers événements, tout semblerait l'indiquer au choix et à l'attention des puissances chrétiennes et de la Turquie elle-même pour remplir un tel rôle. Et nous ne doutons pas que, sous tous les rapports, il ne se montrât à la hauteur de sa tâche.

Mais cette combinaison toute personnelle, on peut le dire, satisferait-elle complétement aux exigences de la position actuelle, et surtout serait-elle pour l'avenir un gage certain, efficace, d'ordre et de sécurité ?

En ses mains on peut être sûr que le pouvoir ne faiblirait pas et que l'ordre régnerait. L'histoire de l'Algérie lui rend à cet égard un suffisant témoignage. Cependant, il ne faut pas se dissimuler qu'il rencontrerait tout d'abord une assez forte opposition dans ces mêmes Druses, qu'une haine commune contre le nom chrétien unit aujourd'hui aux musulmans pour le pillage et le meurtre ; mais qui demain se souviendront qu'un jour leurs aïeux rompirent violemment avec les doctrines du Prophète, et que rien ne saurait détruire l'antagonisme qui depuis existe entre les fanatiques sectateurs du Coran et les farouches adorateurs du veau. Il se pourrait bien alors qu'ils ne fussent pas plus disposés à subir tranquillement la loi de leur nouvel émir, qu'ils ne supportent actuellement la suzeraineté, pourtant à peu près nominale, de la Turquie. On les y contraindrait sans doute par la force, et quelque mal qui dût en résulter pour eux, ce serait, après tout, leur affaire.

Mais quelle serait en même temps la position des Maronites, sous ce chef tolérant, humain, civilisé, si l'on veut, mais musulman avant tout, mais marabout, mais chérif, mais descendant en ligne directe de Mahomet, de celui qui a dit : *Tuez les infidèles partout où vous les trouverez, faites-les prisonniers, assiégez-les et guettez-les à toute embuscade. Combattez-les afin que Dieu les châtie par vos mains et les couvre d'opprobre, afin qu'il vous donne la victoire sur eux et guérisse les cœurs des fidèles.. .. Lorsque vous rencontrez des infidèles, eh bien ! tuez-les au point d'en faire un grand carnage.*

Tout cela est répété à chaque page dans le Coran, et la guerre sainte, la guerre aux infidèles y est prêchée à chaque ligne.

Admettons qu'Abd-el-Kader, qui possède pourtant bien à fond le texte du livre de la loi et ses commentateurs, entende autrement qu'eux, ou mieux, laisse de côté ces passages qui, après tout, aux yeux d'un musulman éclairé, peuvent bien avoir eu leur raison d'être autrefois, mais ne sont plus de mise aujourd'hui. Admettons encore qu'il soit intimement pénétré de ces principes de tolérance dont il a si bien développé les maximes dans son livre intitulé : *Rappel à l'intelli-ligent, avis à l'indifférent,* et qu'il soit tout disposé à en faire l'application aux chrétiens qui se trouveront sur ses Etats. N'est-il pas à craindre que les autres sujets, ses frères en religion, moins instruits que lui, par cela même plus fanatiques, ne voient dans cette condescendance pour des infidèles, qu'un acte de faiblesse, de tiédeur, sinon d'apostasie, et que par suite ne vienne à pâlir son étoile qui tire son plus vif éclat de l'auréole de ferveur dévote dont il a su jusqu'à ce jour l'entourer ? Il a pu dans Damas, sans porter atteinte à la considération générale dont il jouit, donner dans sa demeure asile à des chrétiens, les sauver même de la mort au risque de sa propre vie ; c'était de l'humanité. Et puis aussi, bien que, notamment à Damas, beaucoup de musulmans y aient pris part, la lutte était de Druse à Maronite, et non de mahométan à chrétien. Mais, être le maître sonverain de sujets adorateurs de la croix, non seulement tolérer leur culte, mais les tenir tous en parfaite égalité avec les vrais croyants, n'est-ce pas abandonner *les voies du Seigneur*? N'est-ce pas renier et la foi de ses pères et son titre de chérif, qui sont à leurs yeux ses plus belles lettres de noblesse et surtout ses meilleures lettres de créance?

Cette tolérance, pourtant indispensable pour la cause qu'Abd-el-Kader serait appelé à servir en Syrie ne manquerait pas de porter une grave atteinte à son prestige actuel ; elle le déconsidérerait aux yeux de la majorité de ses sujets, elle affaiblirait considérablement son autorité. Et alors l'ex-émir, ou bien abandonnerait son poste, ou mieux se souvenant qu'aujourd'hui roi, il peut, à tout prendre, se passer de ceux qui le portèrent au pouvoir, ferait cause commune avec ses coreligionnaires et n'accorderait juste de protection aux chrétiens que ce qu'il faudrait pour étouffer leurs plaintes et empêcher qu'elles ne parvinssent aux oreilles des souverains de l'Occident. Est-ce là ce que veut la France et, avec elle, les nations chrétiennes de l'Europe ? — Son initiative est sans doute digne d'éloges, nous disait quelqu'un devant qui nous racontions complaisamment la conduite qu'il avait tenue à Damas ; elle est digne d'éloges, puisqu'il a sauvé la vie à des milliers d'hommes. Mais croyez qu'au fond il y a plus de vues personnelles que de reconnaissance, plus de politique que de désintéressement, dans cette protection accordée publiquement à de malheureux chrétiens. La Turquie est à la veille d'une dissolution prochaine, Abd el Kader ne l'ignore pas. Il n'ignore pas non plus que la succession sera ouverte en Europe, et que ce seront les puissances de l'Occident qui en disposeront à leur gré. Pourquoi lui, l'ami de la France, n'en aurait-il pas sa part ? N'a-t-il pas dit dans son *Rappel à l'intelligent* : « Si les musulmans et les chrétiens me prê- « taient l'oreille, je ferais cesser leur divergence, et ils de- « viendraient frères à l'extérieur et à l'intérieur. » Et plus récemment encore, dans une lettre écrite au journal arabe *Birgis Baris*, lettre bien avancée pour un musulman, si la traduction en est fidèle : « J'ajouterai, pour moi, qu'à tous « ces dons (résistance, énergie, clémence, bienfaisance), les « chétiens en joignent un plus grand encore, celui de savoir « se soustraire, quand il le faut, à l'injustice et à l'oppres- « sion de leurs rois (1). » — Il saurait lui aussi, n'en dou- tons pas, se soustraire, quand il le faudrait, à la surveillance de la Porte et des autres puissances, dont il lui serait tou- jours loisible de trouver la tutelle injuste et oppressive, et alors quelle garantie resterait-il aux chétiens ses sujets ?

Nous aurions posé sur cette terre, berceau de notre religion, et où depuis des siècles le Turc règne en despote, la base d'un nouvel état musulman ; nous aurions remplacé un pouvoir abâtardi, usé, qui croule de toute part, par un rameau jeune, vigoureux, plein de sève. Nous nous serions fermé, peut-être à tout jamais, l'espoir de reconquérir à la civilisation cette terre d'où la civilisation sortit un jour. Voilà ce qui pourrait advenir avec cette royauté que l'on propose comme un palladium efficace pour sauvegarder les intérêts des chrétiens en Syrie. Nous ne disons pas qu'Abd-el-Kader sur le trône dût nécessairement renier les principes qu'il professe dans l'exil ; mais il pourrait y être contraint malgré lui, et cela suffit pour qu'on y regarde à deux fois avant de lui confier un tel commandement.

Dans tous les cas, nous ne voyons pas comment sa présence pourrait éteindre les haines qui divisent les deux races principales du Liban. Il réprimerait sans doute avec énergie tout acte d'hostilité ; il saurait, tant qu'il le voudrait, maintenir une tranquillité apparente dans le pays ; mais au jour où la volonté viendrait à lui manquer, mais à sa mort, l'insurrection éclaterait de nouveau, le sang coulerait plus abondant que jamais, parce que les mêmes causes qui divisent aujourd'hui les Druses et les Maronites, existeraient alors comme elles ont existé toujours ; car ces causes puisent

(1) Voir note E

leur raison d'être dans ce contact même que l'on voudrait s'efforcer de maintenir, et pour lequel on essaierait vainement de rétablir une harmonie que les partis repoussent avec une égale force.

C'est ce qu'affirment toutes les correspondances venues de Syrie en Europe dans ces derniers temps, c'est ce que résumait une lettre écrite au journal l'*Union*, antérieurement même aux massacres de Damas : « Au reste, y était-il dit, « il est devenu tout à fait impossible aux chrétiens d'habiter « parmi les Druses, et les Druses eux-mêmes, ou bien ne les « accepteraient pas, ou ne les accepteraient que pour en « faire de nouveaux massacres. »

Ainsi donc, ni protectorat, ni expéditions, ni occupation permanente, ni vice-royauté ne peuvent donner satisfaction pleine et entière à la question d'Orient, question que nous venons de voir se poser d'une façon si brutale sur le tapis de la politique européenne.

Pour sauver d'un dernier massacre les malheureuses populations aujourd'hui décimées par le sabre des Druses et des Bédouins, faudra-t-il attendre que la Turquie ait cessé d'être et que les puissances de l'Europe se soient entendues pour s'en partager les épaves ?

Quelque incertaine que soit l'issue définitive de la crise que traverse depuis plusieurs années la Turquie, quelque justifiés que soient les pressentiments d'une future solution, il est évident que l'Europe n'est pas encore prête pour en hâter le dénouement pacifique. La succession du *malade* de Constantinople n'est pas ouverte, et les puissances ne vont pas procéder de sitôt au partage de l'empire turc, dont elles sauvegardaient l'intégrité, il y a quatre ans, par le traité de Paris.

Cette intégrité, ce maintien de l'empire ottoman qui forme la base principale du traité de 1856, est aussi le principe sur lequel s'appuie surtout notre alliance active avec l'Angleterre, et ce principe, les deux peuples sont également intéressés à le respecter ; car une rupture sur ce terrain amènerait une conflagration générale, que les tendances des souverains et des peuples semblent disposées aujourd'hui à favoriser moins que jamais, et que ceux-là mêmes qui pourraient la désirer secrètement, reculeront devant les conséquences d'une entreprise dont nul ne peut prévoir l'issue.

Ce langage qui, dans ces derniers temps, lorsque la France menaçait d'accomplir à elle seule l'acte de souveraine humanité auquel les autres puissances furent si lentes à s'associer, a été celui de toute la presse anglaise, diffère un peu, comme on le voit, du jugement émis d'abord par le *Times* au sujet du partage de l'empire ottoman, et que nous avons rapporté plus haut. Mais il n'en est pas moins logique pour cela, et les complications actuelles, malgré leur gravité, ne sauraient de longtemps encore lui donner tort.

Que reste-t-il donc à faire pour sauvegarder les intérêts si contraires de la politique européenne, et empêcher en même temps, pour le présent comme pour l'avenir, le retour de massacres comme ceux qui viennent de jeter une si juste épouvante dans le monde civilisé ? En vérité, nous ne voyons qu'un seul parti possible, c'est d'éloigner l'une de l'autre, de séparer pour toujours deux races qui n'ont jamais su, qui ne pourront jamais vivre en paix sur le même terrain. La France vient de faire beaucoup pour les Maronites, en interposant sa généreuse épée entre eux et les hordes d'assassins qui avaient juré leur perte. Qu'elle accomplisse sa mission de paix et de charité jusqu'au bout. Puisque les intérêts égoïstes de cette mère sans entrailles que l'on nomme la politique, s'opposent à ce qu'elle assure dans leur propre pays une protection durable à ceux qu'elle recouvre momentanément de son égide, qu'elle leur donne un asile chez elle, qu'elle leur ouvre les portes de l'Algérie.

Cette solution nous semble la seule souverainement efficace, puisque, par le seul fait même de la rupture, elle coupe court à tout rapprochement dans l'avenir entre les deux partis, et du même coup fait cesser toute lutte.

Elle est également, au point de vue de la politique, la seule possible, la seule praticable. Quelle raison pourrait-on faire valoir pour en empêcher la réalisation? Est-ce que l'émigration volontaire n'est pas une des conquêtes du droit moderne (1)? Est-ce que toutes les années nous ne voyons pas les populations de l'Allemagne, de la Prusse, de l'Irlande et de mainte autre contrée de l'Europe, quitter par centaines de mille leur pays, pour aller par delà le grand Océan, chercher une patrie nouvelle, sans que leurs souverains se croient en droit de faire opposition à leur départ?

Mais, dira-t-on peut-être, la Turquie, elle, est un Etat despotique qui ne reconnaît pas à ses sujets le pouvoir d'user d'une telle liberté. Je l'ignore. Dans tous les cas, nous ne pouvons pas croire que, si telle était la volonté manifeste des Maronites, elle y mît obstacle. Quel intérêt a-t-elle à conserver, sur une partie éloignée de son empire, une population de deux cent mille âmes au plus, sur laquelle elle n'exerce qu'une suzeraineté plutôt nominale que réelle, qui ne verse annuellement dans son trésor qu'un tribut de 200 à 300,000 francs (2), et qui enfin est pour elle une cause perpétuelle de troubles et de guerres? Il nous semble, surtout après les derniers événements, qu'elle-même devrait être la première à favoriser une pareille émigration.

Que si, contrairement au droit des gens, contrairement à ses propres intérêts, elle s'y refusait, les puissances signataires du traité de Paris, la France en particulier, n'auraient-elles pas le droit de l'y contraindre? Comment a-t-elle rempli ses engagements? Comment s'est-elle libérée vis-à-vis des nations qui, après l'avoir préservée de l'envahissement moscovite, l'admettaient à prendre part dans les conseils de la politique européenne et substituaient, pour la préserver d'une dissolution complète, leur action commune à l'action russe,

---

(1) Voir note F.
(2) Les Druses et les Maronites payent ensemble à la Porte un tribut annuel de 3,500 bourses (410,150 francs).

qui jusques-là avait pesé sur elle d'un poids si lourd? Par un hatti-houmayoum daté de Constantinople, le Sultan s'engagea à protéger les chrétiens dans leurs personnes et leur culte, à remettre en vigueur certains priviléges et immunités accordés *ab antiquo* à toutes les communautés chrétiennes, à favoriser de tout son pouvoir le développement de l'instruction publique, à admettre même indistinctement tous les sujets de son empire dans les écoles civiles et militaires du gouvernement, etc. Tous ces engagements étaient d'ailleurs très simples et loin d'être impossibles à tenir. L'ont-ils été? A-t-on essayé seulement de les accomplir? La voix publique, les massacres de la Bosnie, de l'Herzégovine, la guerre civile de l'île de Crête, les monstrueux assassinats de Djeddah, ceux plus monstrueux encore du Liban et de Damas, où le Turc a pris une part si directe, voilà la réponse, voilà la satisfaction donnée par la Porte à ses engagements.

Mauvaise volonté de sa part ou impuissance, il n'en est pas moins avéré que, jusqu'à ce jour, elle n'a rempli aucune de ses promesses. et la France qui vient de lui imposer son intervention armée, a le droit de prendre sous sa protection immédiate ceux dont elle ne sait pas ou ne veut pas défendre la vie contre le poignard des assassins. En attirant à elle les Maronites, elle ne fait que son devoir, et la diplomatie, cette fois, ne saurait lui en demander compte.

Rien donc dans la sphère de ce qu'on appelle la raison d'État, ne saurait s'opposer à cette immigration en masse des Maronites en Algérie, à moins que par un de ces calculs puisés aux sources du plus hideux machiavélisme, on ne voulût, dans ce pays, maintenir, au mépris de la vie de tant d'infortunés, un foyer permanent de troubles, et se ménager ainsi une cause immédiate et prochaine de démembrement. Mais, à un si monstreux égoïsme, s'il osait se produire, nous opposerions une voix autrement puissante, une voix qui prime tous les intérêts, qui est souveraine parce qu'elle émane de Dieu lui-même : la voix de l'humanité! Les influences politiques, les questions d'équilibre ou de prépondérance peuvent bien diviser les nations ; quand l'humanité parle, toutes doivent se rallier autour d'elle, parce qu'elle est à la fois le principe et le but de nos destinées ici-bas.

Ce sont ces principes que nous allons invoquer en faveur des victimes du grand désastre du Liban.

II

Question d'humanité.

—

Au premier abord, il nous semble que poser la question, c'est la résoudre.

A l'heure qu'il est, quand tout le monde a encore présentes à la mémoire ces scènes de carnages et d'atroces barbaries qui, pendant deux mois, ont fait frémir d'horreur l'Europe entière, quand nos oreilles saignent encore des cris de milliers de victimes succombant sous le poignard d'une horde de brigands et d'assassins, qu'est-il nécessaire de faire valoir ici des sentiments que chaque homme éprouve dans son cœur beaucoup plus vivement que tout ce que nous pourrions dire?

Et pourtant il s'est trouvé, non en France, mais ailleurs, certains organes de publicité qui ont osé prendre fait et cause pour les coupables. On aurait dit, à l'ardeur qu'ils mettaient à défendre les meurtriers, qu'eux aussi auraient voulu plonger leurs mains dans le sang des victimes. Laissons-leur cette triste honte. L'indignation et le mépris public en ont fait depuis longtemps justice.

Mais aujourd'hui que, grâce à la présence de nos troupes, le sang a cessé de couler en Syrie, il est à craindre qu'entraînés par ce tourbillon des affaires qui est un des signes caractéristiques de notre époque, nos esprits prompts à s'émouvoir, plus prompts peut-être à oublier, ne perdent bien vite la mémoire des désastres dont nos cœurs ont gémi ;

qu'ils ne confondent dans un oubli commun et les morts pour lesquels nous n'avons que des larmes à donner, et les survivants qui nous tendent les bras, que nous devons arracher à la misère et soustraire pour toujours à la vengeance de leurs féroces oppresseurs. Qu'on nous permette donc, en faveur de l'intérêt qui s'attache désormais seul à ces derniers, de retracer ici, d'après les récits les plus authentiques, quelques-uns des principaux épisodes qui, pendant cette longue et sanglante odyssée, ont été comme de sinistres éclairs se détachant à toute heure du milieu d'une immense et effroyable tuerie.

Voici ce qui se passait à Dar-el-Kamar, le 21 juin :

« Après le pillage de la ville, les Druses commencèrent à assassiner tous les hommes et les enfants qu'ils rencontraient ; quelques femmes aussi furent tuées. Ils déchiraient les enfants sur le sein de leurs mères, égorgeaient les maris sur les genoux de leurs femmes, violaient ces dernières publiquement et brûlaient les créatures humaines en pleine rue. Ce fut une heure de désolation : les cris des femmes et des enfants remplissaient les airs ! Le sang coulait à flots. Le massacre consommé dans la ville, les Druses se portèrent à la caserne, qui contenait au moins 500 hommes, outre les femmes et les enfants. On les laissa entrer, et, en présence du gouverneur et du caïmacam des troupes, quelques soldats, s'avançant, ouvrirent les portes des appartements où on avait reçu les chrétiens. Les Druses y pénétrèrent, les haches et les armes à la main, et commencèrent aussitôt à immoler leurs nouvelles victimes. Quelques-unes subirent une mort affreuse. Les Druses leur coupaient d'abord les doigts, disant que c'étaient ces mêmes doigts qui écrivaient pour demander des secours. A d'autres ils versaient de l'eau bouillante sur la tête. « Vous avez besoin d'être rasés, » leur disaient-ils, et la hache, remplaçant le rasoir, emportait les têtes.

« Une femme du nom de Farès el Haddad, avait son en-

fant sur les bras. Son attitude était celle d'une suppliante.
« Grâce ! grâce ! s'écria-t-elle, grâce pour mon enfant ! » Et
son enfant était aussitôt, par ces mains barbares, égorgé sous
ses yeux ! — Une autre serrait contre son sein un enfant de
six ans ; il lui est arraché. Et l'enfant de s'écrier : « Ma
mère, sauve-moi ! ma mère, sauve-moi ! » Et l'enfant, coupé
en deux, est rendu à sa mère, qui expire après lui ! — Une
troisième femme, mariée au nommé Abdalla Abou Nedjme, a
vu son époux et ses trois enfants égorgés sur ses genoux. —
Une quatrième ayant vu égorger son enfant devant elle, per-
dit connaissance ; on la couvrit de bois, et elle fut brûlée
vivante.

« La caserne était jonchée de cadavres ; c'était comme
une mer de sang ; les soldats fouillaient dans cette mer pour
y découvrir encore quelque corps vivant et le livrer aux Druses. Les enfants mâles étaient tous arrachés des mains de
leurs mères et tués.

« Dar-el-Kamar une fois saccagé, les Druses, fumants de
sang, se portèrent sur Betedine et immolèrent tous les chrétiens qui s'étaient réfugiés dans la caserne, y compris 109
personnes du village de Betedine et Mohasser. Puis ils brû-
lèrent le village sous les yeux du caïmacam et des troupes.
— Deux chrétiens se jettent aux pieds d'officiers turcs, et
ceux-ci les livrent encore aux Druses. — Un homme au service, depuis quatre ans, de certains officiers turcs, est aussi,
par ses maîtres, livré à la mort.

« Les Druses retournèrent ensuite à Dar-el-Kamar pour y
tuer les moines du couvent, y compris les supérieurs ; ils entrent la hache à la main et les mettent en pièces. Un moine
se trouvait en prières ; ils le saisissent, lui coupent les doigts,
puis les oreilles, et les lui présentant : « Prends, disent-ils,
c'est le corps de Dieu ; » et ils lui donnaient des coups de
lance dans la bouche. — Ils détruisent les autels, brûlent les
tabernacles, déchirent et mutilent les images, foulent aux
pieds les vases sacrés. Les débris des images sont brûlés, les

cloches broyées. Le couvent saccagé, ils mettent le feu dans toute la ville; et pas une maison n'échappe au fléau. — Tous ceux qui pouvaient fuir, fuyaient. Plus d'une femme, plus d'une petite fille, pieds nus, couraient dans les montagnes pour y trouver quelque gîte. Les mères cherchaient les enfants, les enfants leurs mères.

« Les Druses ont fait subir aux femmes les derniers outrages, et ils ont poussé aux dernières limites la férocité. On chercherait en vain dans l'histoire un carnage de cette nature. La destruction de Jérusalem ne fut pas plus épouvantable.

« La ville de Dar-el-Kamar, jadis si florissante, ne présente plus aujourd'hui qu'un monceau de ruines et de cendres. Les cadavres y demeurent sans sépulture, à la merci des oiseaux de proie. Le voyageur la contemple immobile, comme s'il avait entendu la parole du prophète Jérémie : « O vous, qui passez, arrêtez-vous et voyez s'il y eut jamais une douleur semblable à ma douleur ! »

« Telle fut la conduite de Tehir Pacha. Tel a été le résultat de la confiance que les chrétiens ont mise dans la parole et les promesses de leur gouverneur.

« Contemplez, ô vous qui consacrez vos efforts à la prospérité des États et à la civilisation des peuples, contemplez l'abîme de désolation dans lequel nous sommes plongés! Les plus hautes montagnes mêmes plieraient sous le faix de pareilles douleurs ! Jetez un coup d'œil sur ces troupes de femmes et de jeunes filles innocentes, nues et errantes sur le bord des mers, la tête découverte et tout échevelées, mourant de faim et implorant leurs ennemis !

« Les habitants de Beyrouth ont vu de leurs propres yeux l'état lamentable dans lequel ont été débarquées ces pauvres fugitives, ces femmes seules désormais, car elles ont perdu leurs pères, leurs époux, leurs fils et leurs frères ; il les ont vues tout en pleurs, parcourant nu-pieds les rues de la ville et demandant l'aumône, elles, les riches de la veille, pour ne pas mourir ; il les ont vues, entassées çà et là, sur le pavé, sans gîte et sans pain ! Qui peut penser à elles sans gémir sur leurs malheurs, sans pleurer à chaudes larmes sur le sort de ces orphelins tombés dans cette grande misère du sein de la paix et des joies du foyer domestique d'où ils ont été si cruellement arrachés ! — Quel est donc le crime de cette pauvre population ; quelle est la raison pour laquelle elle a été sacrifiée d'une manière qui n'a pas d'exemple depuis la création du monde (1) ? »

Une de ces femmes, arrivée à Beyrouth pieds-nus et dans un état affreux, racontait ainsi la mort de son mari Bichara Soussa, riche catholique de Dar-el-Kamar, massacré le 20 juin en sa présence et celle du gouverneur :

« Bichara, saisi par la main, est conduit devant le gouverneur (avec lequel il était lié de longue date), dans la place réservée pour le massacre. A la vue des cadavres, il frémit et dit aux bourreaux : « Moi aussi, je mérite le même sort. Rachetez-moi, gouverneur, mon ami, je vous en supplie. » Le barbare répondit : « Massacrez ce giaour. » Le malheureux Bichara se mit à prier. Puis il céda toute sa fortune aux bourreaux. Ceux-ci, avec le gouverneur, mirent la main sur tous ces richesses et s'apprêtèrent à l'exécution. Ils se rangèrent en cercle autour de lui ; le chef donna ordre devant la victime, à chacun des bourreaux, de battre avec le kanjar un des côtés de ses membres ; puis il releva son épée et lui en donna un coup sur la tête nue. Bichara se défendit en mettant la main sur sa tête ; le coup tomba sur ses doigts, qui furent coupés à l'instant et tombèrent par terre. Le chef lui donna un autre coup sur la tête, et Bichara fit la même chose avec sa seconde main, et ses deux mains demeurèrent sans doigts. Les bourreaux furieux l'étendirent

---

(1) Extrait du *Rapport* sur les massacres de Dar-el-Kamar, présenté par ceux des habitants de cette ville qui ont survécu, aux consuls des cinq grandes puissances à Beyrouth, le 1er juillet 1860.

tout nu par terre, prirent de la poudre qu'ils semèrent sur
tout son corps et y mirent le feu ; puis ils se mirent à l'écor-
cher comme un mouton, depuis le cou jusqu'aux pieds, aux
yeux de sa femme. Après cette barbarie, ils se mirent à le
couper en morceaux, en commençant par les pieds et les
bras, pièce par pièce, coupant finalement le tronc et fendant
la tête. »

A Zahlé, après une lutte acharnée de la part des chrétiens,
la malheureureuse ville fut littéralement mise à feu et à sang.
Ceux qui étaient parvenus à s'échapper, avaient cherché un
asile dans des cavernes et des petits bois. Les Druses se mirent à leur poursuite avec de gros chiens. Ils en découvri-
rent une centaine dans un seul endroit et leur lièrent les
mains derrière le dos pour les mettre à mort avec plus de
cruauté. A quelques-uns ils abattaient un bras, à d'autres ils
coupaient les mains, à plusieurs ils enlevaient des morceaux
de chair, ils leur crevaient les yeux ou les brûlaient vivants.

Douze cents habitants de Gazine s'étaient réfugiés dans un
bois, à quatre lieueus de Saïda ; les Druses y mirent le feu
et entourèrent le bois. A mesure qne les flammes faisaient
sortir un chrétien, il était immolé. Les autres ont été brûlés
eu sont morts de faim.

Une femme se sauve à Saïda avec ses trois enfants. Un
Druse la rencontre, la fait asseoir et immole sur ses genoux
les trois pauvres créatures. Sur la même route, un curé maronite est arrêté avec cinq enfants qui l'accompagnent. Les
Druses le mettent en pièces et arrachent aux enfants leurs
membres les uns après les autres.

A Saïda, les musulmans, en grande foule, armés de poignards, de fusils, de casse-têtes et de toutes sortes d'armes
meurtrières, se jettent avec la plus grande fureur sur les chrétiens pris au dépourvu, la plupart sans armes et harassés de
fatigue. Ils tuent les hommes, les femmes et les enfants sans
distinction. Mais ce n'est pas assez pour ces barbares d'ôter
la vie à leurs victimes : ils les ont mutilées et déchiquetées à

coups de poignards, pour mieux rassasier leur haine contre le nom chrétien.

Dix-neuf de ceux qui avaient été massacrés aux portes de la ville avaient été transportés dans un jardin. C'étaient deux femmes, deux enfants, neuf prêtres et six autres hommes. Ils étaient tout nus, ensanglantés, les membres coupés, tout le corps couvert de plaies et les entrailles arrachées. Sur les chemins, dans les jardins, partout, des cadavres mutilés, des corps restés sans sépulture, répandant dans les airs une odeur pestilentielle, et les chiens de la ville accourant pour les dévorer (1).

« A Hasbeya, les chrétiens, au nombre d'environ 1,200, trahis, désarmés, croient échapper au massacre en se réfugiant dans le sérail où Osman Bey leur a promis aide et protection. Le neuvième jour, les chefs druses, après avoir conféré avec le gouverneur turc, demandent qu'on leur livre quatre ou cinq des principaux chrétiens. Le premier appelé est Georges Reïss. Ils le tuent en employant les moyens les plus barbares, et une fois mort, ils le font asseoir et commencent à l'insulter en lui disant : « *Lève-toi, cheikh Abas Sélim, écris à tes Russes, à tes consuls, à tes patriarches, qu'ils viennent te sauver.* » Après toutes ces insultes, ils lui coupent la main droite qu'ils brûlent, et lui tranchent la tête qu'ils brisent en morceaux et se la partagent. Après, au nombre de deux cents, ils envahissent le sérail, et commencent à massacrer les chrétiens, l'enfant sur les genoux de son père et sur le sein de sa mère, le mari sur le sein de sa femme. Le massacre dure pendant trois heures, de 4 à 7 heures du soir ; le sang coulait comme un torrent. Les princes, réfugiés au deuxième étage, sont dépouillés de leurs armes et de tous leurs vêtements ; ils les laissent nus et entrent ensuite dans la chambre où se trouvait l'émir Saad el-Cin, lui tranchent la tête et le jettent à bas ; ils égorgent en même temps cinq

---

(1) Extrait de la correspondance du R. P. Rousseau.

autres princes. Après avoir ainsi fait table rase, ils dépouillè-
rent les corps de leurs victimes et mirent le feu au sérail (1). »

Est-ce assez d'horreurs? est-ce assez de massacres? A
tous ces épouvantables crimes, faut-il encore ajouter cette
immense boucherie de Damas où, pendant quatre-vingts heures consécutives, le sang humain n'a cessé de couler, où l'incendie a dévoré cinq mille maisons; où églises, couvents,
consulats, tout a été pillé et dévoré par les flammes; où enfin plus de huit mille victimes de tout sexe et de tout âge
ont été impitoyablement égorgées, et trois mille femmes ven-
dues vingt-cinq piastres par tête pour aller desservir les
harems des pachas.

Mais nous n'en finirions pas si nous voulions rapporter
toutes les atrocités dont ce malheureux pays a été le théâtre. Qu'on se rappelle que pendant deux mois nos feuilles
publiques suffisaient à peine à enregistrer les désastres nouveaux que chaque courrier apportait de la Syrie.

Et maintenant, que ceux qui recherchent les émotions tra-
giques, se reportent aux écrits de ce temps. Pour l'intérêt de
notre cause, nous croyons en avoir dit assez, trop peut-être.
L'homme qu'un tel tableau ne saurait émouvoir, ne saurait
davantage nous comprendre. L'humanité est un sentiment
étranger pour lui, et c'est au nom de l'humanité que nous
parlons.

Voulons-nous préserver les survivants du retour de pareilles calamités? Voulons-nous arracher des milliers de femmes
et d'enfants au sort qui vient de frapper leurs époux et leurs
pères? Enfin la France, fidèle jusqu'au bout à la mission hu-
manitaire et civilisatrice qu'elle s'est donnée dans le monde,
veut-elle sauver d'une destruction complète une population
qui n'a déjà été que trop décimée? Qu'elle ouvre aux chré-

______

(1) Extrait du mémoire adressé par la population d'Hasbeya aux consuls des puissances étrangères.

tiens du Liban ses bras, dont aucun malheureux n'implora jamais en vain l'assistance; qu'elle dise à ces Maronites, nos anciens frères d'armes et nos plus vieux et plus fidèles alliés sur la terre d'Asie : — Venez! En face de mon royaume, de l'autre côté de la Méditerranée, est une nouvelle France que mes armes ont conquise, que mes institutions ont civilisée. Là s'étendent de vastes espaces fertiles, mais incultes, parce que les bras y manquent. Apportez-y le concours de votre travail et de votre industrie. Apportez-y vos pénates et ce que vous avez sauvé du naufrage. Là, désormais, sera votre nouvelle patrie.

Cet appel sera entendu, n'en doutons pas, et la France aura encore une fois donné au monde un grand exemple de justice et d'humanité.

Mais là n'est pas le seul motif qui doive engager la France à tendre la main aux Maronites du Liban. Dans la sphère des intérêts matériels, pour la prospérité et l'avenir même de sa colonie, il existe de puissantes raisons qui la sollicitent à entrer résolument dans cette voie. Ce sont ces raisons que nous allons essayer de développer dans cette troisième partie.

III

Question de colonisation.

—

Heureuse terre si elle n'avait pas d'habitants ! a-t-on dit
de la Syrie.

Heureuse terre, l'Algérie, si elle avait des habitants ! di-
rons-nous avec plus de raison de ce pays-ci.

Bien des systèmes ont été proposés pour le peuplement de
notre colonie du Nord de l'Afrique. Villages départementaux,
colonies agricoles ou militaires, immigration de nègres, trans-
portation de Coolies, de Chinois, rien n'a été oublié. Pourquoi ? parceque chacun comprend que pour coloniser un
pays, la première condition c'est d'avoir des colons. Or, l'Algérie, malgré tous ses avantages, n'a pu encore détourner à
son profit le courant des émigrations périodiques qui chaque
année se dirigent des côtes d'Europe aux côtes de l'Amérique ou de l'Australie. Ses campagnes restent désertes, ses
terres sont en friche.

Il y a cependant, aujourd'hui plus que jamais, urgence à
lui faire produire le plus possible. Les institutions récentes et
surtout les chemins de fer dont la mère-patrie vient de la
doter, lui imposent des obligations nouvelles qu'il lui importe
de remplir au plus vite. Des bras et des bras, voilà ce qui
manque désormais à l'Algérie. Et ce serait, en vérité, mé-
connaître ses intérêts les plus chers, si elle ne faisait pas tous
ses efforts pour remplir une lacune qui, tant qu'elle existera,

sera pour elle la négation complète, absolue de toute amé-
lioration et de tout progrès à venir.

Or, une occasion, unique peut-être, providentielle, on pourrait le croire, se présente aujourd'hui à elle pour combler ce
déficit de forces humaines. Sur cette terre de Syrie, dans ces
montagnes du Liban, si cruellement éprouvées naguère par
tous les genres de fléaux, il reste encore environ deux cent
mille survivants échappés au massacre, mais ruinés pour la
plupart et désirant tous abandonner un pays où leur vie n'est
plus en sûreté, où leurs biens et leurs fortunes peuvent à
tout instant devenir la proie d'avides spoliateurs. Pourquoi
l'Algérie ne leur ouvrirait-elle pas ses portes? Pourquoi né-
gligerait-elle ce mode de peuplement, le plus facile peut-être
à opérer, le plus propre à faire fleurir son agriculture et son
commerce ?

Que sont, en effet, les Maronites ?

Tous les géographes et les voyageurs qui ont eu occasion
de visiter leur pays, s'accordent à dire que les Maronites
sont des gens simples, sobres, hospitaliers et par-dessus tout
laborieux. Ils se livrent avec ardeur au travail, cultivent la
terre de leurs propres mains et sont adonnés particulièrement à la culture des plantes industrielles. La différence des
climats dans ce pays montagneux, coupé par d'étroites vallées et surmonté de larges plateaux, y amène nécessairement
la diversité des produits. Partout où la montagne est acces-
sible, ses industrieux habitants l'ont disposée en terrasses où
ils cultivent le froment et le tabac, où ils ont établi des plantations de vignes, d'arbres fruitiers et d'oliviers. Sur le ver-
sant occidental, d'immenses plantations de mûriers couvrent
le sol et favorisent singulièrement la sériciculture, qui forme
la ressource la plus importante de cette partie du Liban. Sur
les plateaux moyens et dans les vallées, le tabac, l'olivier, le
coton, l'indigo, la canne à sucre, le riz, le maïs, la sésame
y croissent et prospèrent sans beaucoup de soins. La tempé-
rature générale du pays est à peu près la même que celle de

l'Algérie, et, sous beaucoup de rapports, le Liban peut être comparé à notre contrée kabile. Les Maronites, en changeant de patrie, ne changeraient donc point de climat, grand avantage que nos colons d'Europe n'achètent la plupart du temps qu'après plusieurs années de maladies, et que trop souvent ils ont payé de leur mort.

Mais ce qui rendrait plus précieux à l'Algérie le concours de ces nouveaux auxiliaires, c'est leur aptitude bien reconnue à la culture des plantes industrielles que nous venons d'énumérer. Le tabac, le coton, la vigne, le mûrier, peut-être l'indigo, le riz et la canne à sucre, voilà précisément les produits qui conviennent le plus à notre terrain et qui doivent faire un jour la richesse de notre colonie, en procurant à la métropole ces matières premières, dont elle est aujourd'hui en grande partie tributaire de l'étranger. Or, toutes ces cultures sont familières aux Maronites, et il n'est pas douteux qu'ils ne les importassent avec eux sur notre sol.

En dehors de l'agriculture et de la sériciculture, beaucoup d'entre eux s'adonnent au commerce. Leur aptitude à cet égard est au moins égale à celle des Juifs, avec lesquels ils ont une origine commune, et par elle encore ils pourraient rendre à l'Algérie d'utiles services. Parlant la même langue que nos indigènes, ils n'auraient pas de peine à entrer en relation avec eux, et, à ce point de vue, ils pourraient devenir pour nous de précieux auxiliaires dans nos transactions futures avec les peuples de l'Afrique centrale.

Maintenant, comment les installerait-on sur le sol algérien ? Leur vendrait-on les terres, comme il vient d'être statué d'après le décret du 25 juillet 1860, ou bien, leur appliquant le bénéfice de l'article 23 de ce même décret (1), leur livrerait-on des concessions gratuites ?

---

(1) Art. 23. — Sur les lots réservés, conformément aux dispositions des articles 2 et 3 du présent décret, le ministre peut faire des concessions d'une contenance au maximum de 30 hectares, au profit d'anciens militaires, d'*immigrants* ou de cultivateurs résidant en Algérie.

Il est évident, dès-lors qu'il s'agit de venir au secours de la misère et de l'infortune, que pour beaucoup de familles maronites, riches peut-être hier, mais aujourd'hui entièrement dépouillées et dénudées de tout, ce dernier mode serait seul applicable. Et qui parmi nous oserait s'en plaindre ? Quand la France, à l'heure qu'il est, prodigue son or et son sang pour sauver d'une destruction complète des milliers de chrétiens qui implorent son appui, pourrait-elle, après avoir vengé les morts, refuser aux survivants un coin de terre pour mettre désormais leurs jours à l'abri de la faim ou de la violence des partis ? Non, chez une nation généreuse et hospitalière comme la France, où toutes les infortunes trouvent un écho, où la charité se produit sous toutes ses formes et semble être inépuisable, on ne peut faire payer quelques parcelles de sol à des malheureux qui n'auraient, sans doute, pour s'acquitter, que le montant des souscriptions que l'on vote de toutes parts pour eux. Ce serait donc leur reprendre d'une main ce qu'on leur donne de l'autre, et telle n'est pas notre habitude d'agir. On leur livrerait donc gratuitement les terres nécessaires à leur subsistance.

Mais là ne devrait pas se borner l'action bienfaisante de la France. Aujourd'hui, plus encore qu'en 1849, alors que M. de Baudicour présentait au ministre de la guerre un mémoire fort remarquable en faveur de ces mêmes Maronites, on peut leur appliquer ce qu'il disait d'eux à cette époque :

« Ils sont dépouillés de tout ; il n'ont absolument que leurs
« bras et leur bonne volonté ; par conséquent, il faudra les
« nourrir au moins la première année et leur procurer des
« outils, des semences et des plants pour féconder la terre
« par leurs travaux. Le gouvernement français a fait d'énor-
« mes sacrifices pour l'établissement des premiers colons eu-
« ropéens ; on leur a, pendant quelque temps, fourni à cha-
« cun pour 800 francs de matériaux, des grains et du bétail ;
« on leur a, chaque année, envoyé des troupes de soldats
« pour les aider dans leurs défrichements..... Ces années

« dernières, des sacrifices plus considérables ont été faits pour
« les colons parisiens et pour tous ceux qui leur ont été
« substitués. Ces sacrifices, sans doute extraordinaires, de-
« vront beaucoup plus rarement encore entrer en ligne de
« compte à l'égard des Maronites ; ils ont d'ailleurs des be-
« soins moindres, étant habitués, comme les Arabes, à une
« très grande sobriété (1). »

Nous le croyons aussi, et, de plus, nous sommes persuadé
que, fallût-il pour réaliser ces sacrifices, faire un nouvel appel à la charité publique, les mêmes bourses qui s'ouvraient
naguère, à la voix d'un éminent Israélite d'abord (2) et à celle
de tous nos évêques ensuite, pour donner du pain à de malheureux affamés, sauraient encore les suivre en Algérie et
fournir aux besoins de leur première installation. Mais il ne
serait pas même nécessaire de recourir à de tels moyens. Un
gouvernement assez généreux pour payer de ses millions des
expéditions que seuls l'humanité et son honneur lui comman-
dent, ne reculerait pas devant des dépenses relativement mini-
mes, dont il retirerait plus tard un profit réel et qui auraient
pour effet immédiat de couper court, pour longtemps du
moins, à toute intervention armée en Syrie, intervention toujours onéreuse pour le trésor, souvent meurtrière pour beaucoup de ses enfants.

A la suite du passage que nous venons de citer, M. de
Baudicour ajoute : « Il serait donc plus que suffisant, pour
« faire vivre les Maronites, de leur faire prendre rang parmi
« les colons français ; et si l'on voulait plus tard *assimiler*
« *aux goums arabes* tous ceux d'entre eux qui pourront porter
« les armes, cette mesure leur procurerait de petites ressour-
« ces qui pourraient dégrever d'autant le budget spécial de
« la colonisation. »

Cette idée d'organiser les Maronites en *goums*, conçue par

---

(1) *La Colonisation de l'Algérie*, p. 240.
(2) M. Crémieux. — Lettre à ses coreligionnaires en faveur des chrétiens du Liban,
datée de Paris, le 11 juillet 1860, et reproduite par tous les journaux d'alors

le duc d'Aumale, alors qu'il était gouverneur-général, et à laquelle l'auteur premier du projet nous semble assez favorable, pouvait avoir sa raison d'être à une époque où l'Algérie avait au moins autant besoin de soldats que de colons. Mais, aujourd'hui que le pays est pacifié, il nous paraît que l'on pourrait beaucoup mieux utiliser ces jeunes bras, plus aptes peut-être à manier la charrue que l'épée. Pourquoi, appliquant cette idée première des *goums* à un autre ordre de faits, n'organiserait-on pas la jeunesse maronite en compagnies de travailleurs ? Certes, ce ne sont pas les grands travaux qui manquent en Algérie : défrichement des plaines, boisement des montagnes, percement des canaux, dessèchement des marais, mise en culture des landes sahariennes, voilà bien de quoi occuper des bras, de quoi faire fonctionner des ateliers organisés, non pas comme ceux de 1848, où la licence était la règle, mais sur le même pied que nos régiments, avec une discipline toutefois moins sévère et en tenant compte des mœurs et des habitudes des nouveaux enrôlés.

Pense-t-on que ces jeunes gens, habitués dès leur enfance aux durs labeurs des champs, façonnés de bonne heure à la vie agricole, répugneraient davantage à s'armer de la hache qui abat ou de la pioche qui creuse, qu'à apprendre le moulinet ou la charge en douze temps ? Tout guerriers qu'ils sont, ils préféreraient encore s'enrégimenter sous la bannière du travail que sous le drapeau des batailles, surtout s'ils y trouvaient une rémunération suffisante. Et ici l'Etat pourrait largement la leur donner, car là il y aurait pour lui tout profit. Outre la satisfaction de rendre enfin prospère la plus proche, la plus belle et la plus riche de ses colonies, il pourrait se rembourser et bien au delà des avances faites pour la solde de ces compagnies de travailleurs, par la vente des terres qui, ainsi préparées et mises en plein rapport, acquerraient une valeur bien supérieure à celle qu'elles ont actuellement. Et quand leur temps de service, que l'on pourrait réduire à cinq années, — le temps consacré aux *écoles régi-*

mentaires devant être ici à peu près nul, — serait écoulé, il serait facile de leur concéder sur ces mêmes terres, un lot suffisant, qui représenterait pour eux la dotation dont jouissent aujourd'hui les membres sortants de l'armée.

Nous ne serions même pas surpris que beaucoup d'indigènes, surtout parmi les Kabiles, ne demandassent à faire partie d'une semblable institution et, sous tous les rapports, cela vaudrait beaucoup mieux que de les voir s'enrôler dans nos régiments de tirailleurs, où ils se montrent braves soldats sans doute; mais où ils ne prennent la plupart du temps que nos vices, pour ne rapporter, quand ils rentrent dans leurs montagnes, que paresse pour un travail dont ils ont perdu l'habitude, ou un peu plus de haine pour ceux qui leur ont bien appris à se battre, mais non pas à gagner leur vie.

Dans tous les cas, cet essai, dût-il ne pas réussir, aurait sur les autres expériences, généralement fort coûteuses, ruineuses quelquefois, cet avantage qu'il ne grèverait que peu ou même point du tout le trésor public. Le travail fait, en supposant qu'il fallût le suspendre, représenterait toujours bien le montant des sommes employées pour sa mise en valeur, et l'État, s'il se bornait d'abord à ne faire exécuter que des travaux de première main, sans ouvrages d'art, ne pourrait guère se trouver en perte.

A un autre point de vue, cet essai serait comme le premier jalon d'une révolution qui doit s'opérer tôt ou tard dans le monde, parce qu'elle est une conséquence forcée du principe même de la civilisation, sur laquelle repose l'existence des sociétés modernes, nous voulons dire la transformation des armées de terre et de mer en travailleurs et en pourvoyeurs du commerce. Cette idée a dû préoccuper déjà plus d'un penseur sérieux, et, si nous ne sommes pas encore à la veille de la voir se réaliser, du moins pouvons-nous prévoir, à la tournure générale des esprits et aux relations tous les jours plus suivies, qui s'établissent de peuple à peuple, qu'une grande réforme se prépare en ce sens. Le jour où les nations ne se rencontreront plus que sur les champs tout pacifiques de l'industrie, alors nos armées de soldats deviendront des armées de travailleurs, et les lauriers à cueillir, pour être moins brillants, n'en seront pas moins glorieux ni moins profitable à l'humanité.

Déjà une application de cette puissance que l'on nomme l'armée, a été faite aux travaux de la paix. Nous avons vu en Algérie les mêmes bras manier tour à tour le fusil et la pioche. Peut-on dire qu'ils fussent moins habiles à se servir de celle-ci que de celui-là ? Pourquoi, avec les jeunes gens maronites, ne ferait-on pas une expérience décisive ? Nous pensons même, au cas où le gouvernement ne voudrait pas prendre l'initiative, qu'il ne manquerait pas de se présenter telle compagnie financière d'Europe qui se chargerait d'en faire l'essai à ses risques et périls, si on lui assurait la propriété des terrains mis en valeur.

Nous ne pousserons pas plus loin cet ordre d'idées qui nous entraînerait trop hors de notre sujet. Mais la question mérite qu'on y réfléchisse. Peut-être essaierons-nous de la développer nous-même ailleurs.

Voyons maintenant ce qui resterait à faire des familles Maronites. Les placerait-on dans des villages à part, ou les disséminerait-on indistinctement sur tout le territoire algérien ?

Pour bien des raisons, la première de ces deux hypothèses nous semble la meilleure. On doit le comprendre sans peine. Au besoin, les liens de famille et de religion en feraient presque un devoir. « Seulement, ajouterons-nous avec M. de « Baudicour, comme les Maronites ne sont pas uniquement « pasteurs, et se livrent — nous l'avons vu plus haut, — à « tous les travaux agricoles, il faudrait leur donner un terri- « toire convenable à toute espèce de culture, des plaines « pour les céréales, le tabac, le coton ; des coteaux pour « l'olivier et pour la vigne. » En outre, pensons-nous, beaucoup de ces familles trouveraient à se placer, dès leur arrivée, soit comme fermiers, soit comme colons partiaires, chez les grands propriétaires actuels, et leurs services, pour être payés moins cher que ceux fournis par les bras européens, n'en seraient pas moins appréciables.

Nous avons dit comment nous entendions installer les Maronites en Algérie et leur appliquer nos idées de colonisation (1). Examinons à présent les objections qui ont été faites ou que l'on pourrait faire à ce projet qui, à nos yeux, a le triple mérite de desservir à la fois et les intérêts de la politique, et les intérêts de l'humanité, et les intérêts de l'Algérie. Deux de ces points ont déjà été traités ; voyons le troisième.

— *Avons-nous des terres en Algérie ?* a-t-on dit d'abord ; *et si nous en avons, est-ce bien à de pareils éléments que nous devons les confier de préférence ?*

La première de ces questions nous a paru d'autant plus surprenante que nous l'avons trouvée tout au long écrite dans un journal algérien (1). Mais, répondrons-nous à cet organe, cette fois mal inspiré, des intérêts de la colonie, si l'Algérie n'a pas de terres à donner, pourquoi, depuis vingt ans, nous entretenez-vous sans cesse de colonisation, de progrès ? Est-ce que l'on colonise sans colons ? Est-ce que le progrès s'accomplit en dehors de l'homme qui le dirige et le pousse en avant ? S'il n'y a pas de terres à donner, qu'est-il nécessaire de tant parler et de tant écrire pour attirer en Afrique les émigrants européens qui ne paraissent s'en soucier guère ?

Heureusement, ou plutôt malheureusement pour l'Algérie, la terre, ici, de longtemps ne fera défaut aux bras. Sur une surface *cultivable* de 30 millions d'hectares, on ne compte

---

(1) Nous disons *nos idées*, bien que M. de Baudicour en soit, croyons-nous, le premier promoteur. C'est un mérite que nous nous plaisons à lui rendre. Toutefois, nous nous pensons autorisé à revendiquer pour nous-même la part d'idées nouvelles que renferme notre travail et qui n'ont point été traitées par le judicieux auteur de la *Colonisation de l'Algérie.*

(1) Voir l'*Akhbar*, d'Alger, du 29 juillet 1860.

encore que 2,600,000 habitants, c'est-à-dire l'équivalent de la population de cinq ou six départements français. Pour un pays grand comme les trois quarts de la France, on conviendra que c'est bien peu, et si nous ajoutons qu'un tiers à peine de ce sol est mis en culture, on se demandera alors ce que devient l'objection tirée du manque de terres. Quand toutes les statistiques s'accordent à dire que pour être peuplée seulement comme l'Espagne, l'Algérie peut recevoir encore 9 millions d'habitants, peut-on demander s'il y a des terres à donner? Mais sans recourir aux chiffres officiels, qui n'a, pour peu qu'il ait voyagé dans l'intérieur, appelé de tous ses vœux une population quelconque sur ces vastes espaces incultes et inhabités qui s'étendent de l'Est à l'Ouest? Une simple promenade de Constantine à Oran aurait suffi à ceux qui posaient cette objection pour l'empêcher de se produire.

Il y a, il est vrai, beaucoup de terrains envahis par les broussailles et les marécages, les ronces et les mauvaises herbes. Est-ce une raison pour les laisser toujours ainsi? Qui ne voit au contraire que c'est justement pour rendre productif ce qui aujourd'hui ne l'est pas, qu'il importe d'attirer à nous le plus de bras possibles? Et c'est particulièrement à ce genre de travail que l'on devrait appliquer ces compagnies de travailleurs dont nous avons indiqué la formation plus haut.

L'Algérie a donc des terres à donner. Voyons si c'est bien *à de tels éléments*, c'est-à-dire à des Maronites, *que l'on doit les confier de préférence.*

De préférence?.... En vérité, il faut être bien tenace dans ses illusions, pour croire qu'il peut y avoir encore lieu de faire des préférences là où la demande est si rare et l'offre si abondante. Quand, après trente années d'occupation, l'Algérie n'a pu encore attirer à elle que quelques milliers de colons, qu'est-il besoin de mettre en ligne de compte un choix à faire parmi des concurrents qui n'existent pas? Et

existeraient-ils, que nous dirions encore : Oui, de préférence aux Chinois, aux Nègres, aux Européens, aux Français
même, donnez des terres; —nous ne disons pas les meilleures
— mais donnez des terres aux Maronites. Pour deux raisons :
la première, c'est qu'ils sont les meilleurs ouvriers qui puissent
convenir à notre colonie, puisque tous les voyageurs qui les
ont vus à l'œuvre et tous les livres qui nous en parlent s'accordent à nous les représenter comme des paysans laborieux
et honnêtes, des agriculteurs entendus, des commerçants habiles, nous ajouterons des gens d'avance façonnés à notre climat par leur climat. La seconde, celle qui, à cette heure,
doit primer toutes les autres, c'est ce sentiment d'humanité
qui nous fait un devoir de protéger et d'accueillir tous ceux
qui souffrent, surtout quand ce sont de vieux alliés, presque
des frères.

— *Il s'agirait*, a-t-on ajouté, *d'installer ces mêmes Maronites en face de nos populations arabes qui, sous bien des rapports, valent les Druses.*

Nous ne comprenons pas, nous l'avouons, la portée d'une
objection pareille, qui n'en est vraiment pas une. Parce que
les Maronites sont chrétiens comme nous tous Français, Es-
pagnols, Maltais, Italiens, qui habitons ce pays ; parce qu'en
outre, ils ont sur nous l'avantage de parler la langue arabe,
avantage inappréciable aux yeux des indigènes, leur installation en Algérie serait plus difficile que celle des Européens ?
Mais, a-t-on soin d'ajouter. *nos populations arabes, sous bien
des rapports, valent les Druses.* — Et quand cela serait, que
veut-on dire par là ? Pense-t-on que les mêmes scènes de
carnage qui viennent de se produire dans le Liban se renou-
velleraient en Algérie ? Que nos Arabes, épousant les haines
des Druses, *avec lesquels ils n'ont aucun rapport, qu'ils mépri-
sent souverainement,* se rueraient sur les Maronites et achève-
raient l'œuvre de destruction si bien commencée en Syrie ?
Oublie-t-on qu'à Damas des milliers de chrétiens doivent, à
cette heure, la vie à une poignée d'Algériens, commandés

par un chef algérien ? Oublie-t-on qu'en Algérie la France gouverne, et que ses soldats veillent ? Du jour où nous ne serions pas assez forts pour faire respecter par les indigènes nos colons maronites, nous ne le serions pas davantage pour nous maintenir nous-mêmes dans la colonie. Expulsant ou massacrant les uns, ils égorgeraient ou chasseraient de même les autres. Nous ne voyons aucun motif qui pût les porter à faire un choix entre des chrétiens et des chrétiens. Si le contact d'hommes de religion différente peut engendrer des conflits et des embarras, ces embarras et ces conflits existent depuis que nous, Français-chrétiens, occupons l'Algérie et l'arrivée parmi nous de 200,000 Maronites-chrétiens, loin de les accroître, ne peut que les atténuer ; car plus un parti est nombreux, plus il se sent fort et diminue d'autant les espérances du parti opposé. Si le contraire était vrai, il ne faudrait songer à peupler l'Algérie que d'Arabes, et qui oserait soutenir une pareille proposition ? Ce serait tout simplement nous mettre, comme on dit, la corde au cou, et la France n'est pas, nous supposons, prête à abandonner sa conquête. Plus en Algérie l'élément étranger sera nombreux, plus sera assurée sa pacification complète. Une émigration de Maronites, seraient-ils 200,000 et plus, ne peut, à cet égard, qu'être favorable à nos intérêts politiques dans ce pays.

Reproduirons-nous cette objection qui consisterait à prêter à *l'autorité épiscopale une sorte d'antipathie, de jalousie même, contre un troupeau dont les mœurs, dit-on, à bien des égards, eussent fait disparate avec celles de ses autres ouailles* (1) ?

Nous n'ignorons pas combien est exclusif le principe même du catholicisme, et combien le clergé catholique se montre peu favorable à quiconque a fait scission de croyances avec lui. Mais tel n'est pas ici le cas. Les Maronites sont chrétiens au même titre que les catholiques ; leur patriarche et leurs évêques relèvent directement du pape ; leurs croyances sont identiquement celles de l'Église romaine ; et si chez eux un

---

(1) *La Question juive en Algérie*, par un Algérien progressiste, p. 46.

homme marié peut devenir prêtre ; si les prières, au lieu de se dire en latin, sont dites en langue syriaque, c'est encore le pape qui le tolère, qui le veut ainsi. Or, aux yeux d'un évêque surtout, ce que l'Eglise approuve, Dieu l'approuve, et nous connaissons trop la soumission du clergé épiscopal au Saint-Siége, pour que même un de ses membres puisse voir de mauvais œil s'établir à côté de ses ouailles des ouailles qui, pour être revêtues d'un costume différent, n'en sont pas moins ses véritables frères en Jésus-Christ. C'est une supposi-tion gratuite qu'il n'est pas permis de faire sans exciter d'honorables susceptibilités. Contre toutes les apparences, viendrait-elle à se réaliser, qu'on devrait passer outre, en déplorant le sentiment de mesquine jalousie qui l'aurait fait naître.

On a dit aussi, pendant que leurs têtes tombaient par milliers sous le fer des assassins, mais on ne l'a pas écrit, que nous sachions : *les Maronites sont des lâches ! Qu'avons-nous besoin d'eux en Algérie ?*

Ceux qui parlaient ainsi avaient du sang français dans les veines, on le voit ; mais ils avaient peu lu l'histoire et peu suivi la marche des événements actuels. Nous ne leur ferons pas un crime d'une accusation si odieuse, parce que, quelque mal fondée qu'elle soit, elle ne peut leur avoir été suggérée que par ce sentiment de sublime bravoure que tout Français porte au fond de son cœur et qui l'empêche de comprendre qu'un homme se laisse égorger quand il peut se défendre. Nous nous contenterons d'exposer ce que les Maronites furent et ce que dans ces derniers temps on les a faits.

Aussi haut que remonte leur histoire, on les voit tenir tête à tous les envahisseurs de la Syrie, et, vrais Kabiles du Liban, conserver dans leurs montagnes une indépendance complète. Quand, du cœur de l'Arabie, s'élancent à la conquête du monde les fanatiques sectaires de Mahomet, que les plus forts empires croulent sous leurs pas, que le croissant impose sa loi partout, que l'Asie et l'Afrique deviennent musulmanes, que Jérusalem, le berceau même du christianisme, succombe, seul le Liban résiste au torrent dévastateur, seul le Maronite repousse le croissant et reste chrétien. Est-ce là un indice de lâcheté ?

Viennent les croisades. Derniers dépositaires de la foi du Christ sur cette terre d'apostasie, ils ont hâte de descendre de leurs montagnes pour se joindre aux saintes cohortes venues de l'Orient. Ils vont, se mêlant partout à nos preux chevaliers, aider à reconquérir sur les infidèles le tombeau du Dieu sauveur. Saint Louis veut-il s'emparer de Damiette ? Ils accourent, au nombre de 25,000, se ranger sous son drapeau et l'appuyer dans sa glorieuse entreprise. Cinquante mille des leurs trouvent la mort sur ces champs de bataille à jamais illustres, et c'est ainsi qu'ils cimentent de leur sang leur alliance avec nous et méritent que la France les prenne désormais sous son patronage. Sept siècles plus tard, le vainqueur des Pyramides éprouvera, lui aussi, la fidélité de ces frères d'armes, et son jugement viendra confirmer de tout point l'opinion du saint roi.

Mais les Français à leur tour sont forcés d'abandonner ces plages lointaines, où le Turc va bientôt seul régner en maître. Les Maronites, retirés sur leurs sommets abruptes, n'en conservent pas moins leurs croyances, leurs mœurs, leur gouvernement et leur amitié pour la France. Contraints de céder une partie de leur territoire à de farouches sectaires qui ont nom Ansariens, Métualis, Druses, ils consentent à s'unir quelquefois avec eux pour repousser l'ennemi commun, le Turc ; mais les haines qui divisent les anciens possesseurs et les intrus de la veille, n'en sont ni moins vivaces, ni moins héréditaires. Chaque jour amène quelque nouveau conflit entre Druses et Maronites. Laboureurs et guerriers tour à tour, ils ne déposent la bêche que pour prendre le sabre et le fusil, et cela dure ainsi jusqu'à ce qu'une main ferme, celle de l'émir El-Béchir, est assez puissante pour tenir bridées pendant un demi-siècle des vengeances contenues, mais non satisfaites. Quand donc les lâches ont-ils su ainsi tenir tête à tant d'ennemis ligués à la fois contre eux?

Nous voici en 1840. Le protectorat intéressé de l'Angleterre va supplanter le patronage un peu timide que la monarchie de juillet n'ose même faire prévaloir en faveur de ses anciens alliés. Mais envers qui s'exercera ce protectorat? Ce ne peut être évidemment qu'en faveur des Druses et au détriment des Maronites. La politique anglaise n'aurait pas été fidèle à ses rancunes, si elle avait agi autrement. Après maints combats et des chances diverses, les Maronites forcés de céder devant les Druses, unis cette fois aux Turcs, voient cent soixante-dix de leurs villages incendiés ; douze mille de leurs guerriers ont succombé dans la lutte ; un tout aussi grand nombre se sont vus contraints par la misère à se débander. Alors, arrive Chekib-Effendi. — C'était en 1845. — Envoyé par la Porte dans le Liban, pour mettre fin aux troubles, il désarme les Maronites qu'il avait mission de défendre, ferme les yeux sur les acquisitions d'armes, de poudre et de balles que font de toute part les Druses, et contribue ainsi de son mieux à préparer les faits qui ne tarderont pas à s'accomplir.

Voilà donc les Maronites désarmés et livrés à la merci de tous les ennemis du nom chrétien. Trouveront-ils du moins un appui efficace dans la protection solennelle que, par le traité de 1847, la Porte leur a jurée ? Hélas ! cette protection illusoire, voilà justement ce qui les a perdus. Ils ont été trahis, vendus à leurs bourreaux ; mais ils n'ont point été lâches. On ne renie pas ainsi en un jour tout un passé de sanglantes luttes et de glorieux souvenirs.

Vers la fin de mai de cette année, un vaste complot ourdi de longue main, éclate contre eux. Les Druses en sont les émissaires, les autorités ottomanes en surveillent l'exécution et au besoin l'appuient de leurs fusils. A Hasbeya, comme à Zahlé, comme à Dar-el-Kamar, comme partout, aux Maronites qui demandent des armes pour se défendre, un Kurchid-pacha, sous prétexte de leur offrir un asile assuré, leur ouvre les portes de ses citadelles. Et là, quand femmes et enfants, hommes et vieillards sont bien entassés, bien gardés, qu'on est sûr que nul ne pourra esquiver le fatal couteau, alors sur ces masses désarmées on lâche une nuée de bandits furieux qui égorgent, qui coupent, qui lacèrent, qui s'enivrent d'orgie et de sang.

Où sont les lâches, où sont-ils? nous le demandons à notre tour.

Quand en un seul jour huit mille de nos soldats succombaient à Messine sous le poignard des Siciliens ; quand, au signal donné par la cloche de St-Germain l'Auxerrois, les Coligny, les Larochefoucault, les Guerchy et des milliers de protestants avec eux payaient de leurs têtes les massacres de la St-Barthélemy ; quand, à une époque de funeste mémoire, la population furieuse, se ruait dans les prisons de Paris pour égorger en masse les nobles et les suspects, de quel côté étaient les braves ? Quels sont ceux que l'histoire et la postérité avec elle, a stigmatisés du titre de lâches ?

Mais, a-t-on dit, les Maronites sont plus nombreux que les Druses ; pourquoi se sont-ils laissé assassiner ?

Les Druses, qu'on le remarque bien, n'ont attaqué que les villages isolés et les villes mixtes où leur population était mêlée à celle des chrétiens. La surprise et les longs préparatifs d'un côté, le désarmement et la trahison de l'autre ont pu facilement leur donner le dessus sur les victimes désignées dès longtemps à leurs poignards (1). Mais, là où les Maronites sont entièrement chez eux, là où on a pu organiser la défense, là enfin où il eût fallu en venir à une bataille rangée, combattre homme à homme, les Druses n'ont osé approcher. Le district de Kes-Rouan est resté vierge de tout meurtre. Un jeune homme le commande. Il est pieux et brave. Pourquoi les Druses si guerriers, si avides de pillage, si bien soutenus par les Turcs, qui ont trouvé jusqu'en Europe, sinon des apologistes, du moins des avocats, pourquoi dans l'ivresse de leurs trop faciles victoires et à la lueur des incendies qui dévoraient les hameaux, n'ont-ils même pas essayé de pénétrer dans cette province où ils eussent trouvé tant de sang à verser, tant de dépouilles à emporter ?

___

(1) Voir note G.

Que ceux-là répondent qui ont jeté à des malheureux, désarmés et trahis, l'épithète flétrissante de lâche !..... Oui, lâches ont été leurs bourreaux, lâches ont été ces milices turques qui, l'arme au bras, présidaient aux massacres au lieu de les défendre ; trop confiantes ont été les victimes : voilà ce que démontrent les derniers événements. L'histoire du passé nous a dit ce qu'avaient été jusqu'alors les Maronites.

Enfin, une dernière objection s'est produite, objection qui repose sur des considérations politiques que nous avons déjà examinées précédemment. Nous la reproduirons ici, à cause de certaines nouvelles opinions qui ont été émises à la suite des derniers massacres de Damas.

— *Quoi ! s'est-on écrié, lorsque vous aurez débarrassé les Druses de la présence des Maronites, qu'aurez-vous fait, sinon fortifier les Druses ? A ce compte, si l'on retirait de la Turquie les 13,000,000 de chrétiens, de Grecs, de Slaves, d'Arméniens, qui luttent contre les 3,000,000 de Turcs (1), ceux-ci qui sont à la veille d'être débordés, reprendraient, sans conteste, toute leur suprématie. Il y a là sujet à réflexion ! Nous croyons que protégés efficacement par la France, les Maronites sont bien où ils sont, et qu'ils servent mieux notre politique dans le Liban qu'en Algérie.*

Ecartons d'abord les 13,000,000 de chrétiens, Grecs, Slaves, Arméniens, qui sont tout-à-fait étrangers à la question, et ne nous occupons que des 200,000 Maronites.

Leur éloignement, dit-on, fortifiera les Druses. Cela peut être ; mais est-ce une raison pour empêcher que l'on fasse du bien aux autres ? Qu'on ne l'ignore pas, les Druses n'aiment pas plus les Turcs que les chrétiens ; aussi bien ils serviraient la France comme l'Angleterre, si la France savait les gagner. On ne doit donc pas se préoccuper s'ils deviendront forts ou faibles. L'essentiel aujourd'hui, c'est de couper court aux massacres, en séparant les deux races hostiles.

Quant à prétendre que, même protégés *efficacement* par la

---

(1) Nous supposons qu'il y a eu ici erreur typographique et que c'est trente millions qu'il faut lire.

France, — ce que l'esprit général des cours européennes rend très difficile, pour ne pas dire impossible, — les Maronites sont bien où il sont, et qu'ils servent mieux notre politique dans le Liban qu'en Algérie, c'est faire à la fois un calcul un peu présomptueux et pas mal machiavélique. Les puissances de l'Europe, nous le répétons, — et les deux protocoles signés par elles le 6 août dernier ne le démontrent que trop, — sont moins que jamais disposées à s'entendre à l'amiable sur un partage quelconque de l'empire ottoman. Et vouloir que la France permette que la lutte se continue dans le Liban entre Druses et Maronites, cela dans l'espoir uniquement de se ménager en Syrie un motif continuel d'intervention que l'on espère pouvoir convertir un jour en une occupation permanente, c'est faire jouer à la politique française un rôle indigne d'elle, c'est désavouer hautement ces belles paroles que prononçait naguère le Chef de l'Etat : *La France seule combat pour une idée.*

Mais, répondra-t-on à cela, il ne s'agit pas seulement des Maronites. Aujourd'hui, ce sont tous les chrétiens d'Orient qui sont menacés dans leur vie comme dans leur croyances, et qu'il s'agit de soustraire au despotisme turc comme au fanatisme musulman.

Nous savons bien qu'après les massacres de Damas, alors qu'il devenait difficile de prévoir où s'arrêterait le fer des assassins, on a voulu, sous l'impression de la terreur générale qui s'était emparée des esprits, trouver partout des ramifications à une conspiration que l'on disait ourdie dans tous les États musulmans contre les peuples chrétiens. De Constantinople à la Mecque, de Damas à Tanger, ce devait être une levée de boucliers générale des farouches descendants d'Omar contre les adorateurs de la Croix. La Mecque était signalée comme le foyer permanent de cet incendie qui éclaira, il y a deux ans, de ses sinistres lueurs, les égorgements de Djeddah. Et, au souvenir de ce désastre, par un rapprochement inspiré plus par la peur que par la raison, on n'a pas manqué de lui attribuer la responsabilité des désastres plus grands survenus récemment en Syrie. On est allé même jusqu'à proposer de s'emparer de la capitale de l'Hedjaz et de planter le drapeau français sur la coupole de la Kaaba, au lieu même qui fut le berceau de l'islamisme (1).

Pour peu que l'on eût réfléchi sur la marche des événements, les causes qui les avaient fait naître et les acteurs qui avaient joué les principaux rôles sur cette scène de carnage, on n'aurait pas dû, ce nous semble, se laisser aller à de pareilles exagérations et englober dans une réprobation commune tout le monde musulman. Ce jugement, formulé par la peur, basé sur de simples préventions, peut bien desservir quelques intérêts politiques pour lesquels *la fin justifie toujours les moyens* ; mais le public ne saurait ainsi se prononcer à la légère, sans pièces justificatives à l'appui, et nous pensons qu'elles ne sont point encore acquises au procès.

Si le mot d'ordre avait été, dans tout l'Empire ottoman : mort aux chrétiens ! les musulmans ne seraient pas restés pendant deux mois simples spectateurs des massacres du Liban. Ils n'auraient pas attendu que les cris des mourants eussent retenti jusqu'aux dernières extrémités de l'Europe occidentale, pour mettre à exécution un si vaste complot. En même temps que disparaissaient Dar-el-Kamar, Hasbeya et Zahlé, toutes les villes de la Palestine auraient été saccagées, brûlées, leurs habitants chrétiens égorgés, et à cette heure pas un disciple du Christ ne devrait exister en pays musulman. Qui aurait pu arrêter les conspirateurs ? Sont-ce les Turcs ? Nous les avons vus à l'œuvre et nous savons ce que les chrétiens doivent attendre d'eux. Une complète réus-

---

(1) L'*Espérance*, d'Athènes, appréciant les derniers événements, écrivait ceci : « C'est de la Mecque que doit partir le mot d'ordre, comme il en est déjà parti pour donner le signal des massacres de Syrie. C'est à la Mecque que se réunissent les saints (*hyéroméni*), et qu'ils prennent leurs résolutions sanguinaires pour les répandre et les faire connaître ensuite dans tout l'Empire musulman. Pour couper court au complot et arrêter d'incalculables désastres, il faut que l'Europe envoie au plus tôt à la Mecque une puissante armée d'occupation; autrement, tandis qu'elle vengera les Maronites, l'incendie s'allumera partout et la débordera. »

L'*Espérance* a-t-elle bien réfléchi, en écrivant ces lignes, aux difficultés et aux conséquences d'une telle occupation? Ce serait tout une révolution sur la terre, et nous pensons que les cours européennes seront assez sages pour en retarder le plus possible l'explosion. Au besoin, leurs jalousies réciproques suffiraient pour nous tranquilliser à ce sujet.

site leur était donc assurée, et si, au début des troubles survenus dans le Liban, les autres villes de la Syrie sont restées tranquilles, si à Jérusalem même l'ordre n'a pas été un seul instant troublé, c'est qu'il n'y avait pas complot, c'est que la lutte était uniquement de Druse à Maronite et non de mahométan à chrétien.

Il est vrai qu'à Damas la révolte a pris des proportions telles, que l'on ne peut nier qu'une partie de la population de la ville ne se soit mêlée au mouvement. Mais, au dire de toutes les correspondances et comme l'a affirmé Abd-el-Kader, les insurgés de la ville, au premier moment, n'étaient pas plus de deux cents. C'est alors qu'en présence de l'inaction des troupes turques, à la canaille du dedans est venue se joindre une multitude de Druses et de Bédouins qu'attirait du dehors l'espoir du pillage, et qui se sont abattus par milliers sur la ville, pour compléter l'œuvre de destruction. La masse de la population musulmane, qui n'est pas turque, n'a pris aucune part à la révolte. Des habitants aisés ont eu même beaucoup à souffrir de la part de ces bandes incendiaires, et soixante des plus influents ont été égorgés pour avoir voulu soustraire aux massacreurs les chrétiens qui leur avaient demandé asile.

Peut-on, en présence de ces faits, attestés et confirmés par les témoins oculaires, faire peser sur tout le monde musulman la responsabilité de malheurs qui n'ont eu pour première cause que la haine séculaire qui divise les Druses et les Maronites, cause qui a plus tard rallié à elle tout ce qui, dans une société barbare, nourrit des sentiments de vengeance, de meurtre, d'incendie, de viol et de pillage ? Sans doute il y a entre les sectateurs du Prophète et les adorateurs de la Croix un abîme infranchissable ; sans doute tout chrétien doit gémir de voir aux mains des Turcs mahométans le tombeau de notre Sauveur Jésus-Christ ; mais il ne faut pas que, sous prétexte d'étouffer le fanatisme musulman, nous allions exciter le fanatisme chrétien et pousser les populations de l'Occident à de nouvelles croisades. Ces guerres de religion ne sont plus de notre époque, et si l'Europe doit prendre un jour possession de l'Asie, il faut que ce soit au nom de la civilisation qui triomphe par l'idée, et non point au nom de l'intolérance qui s'impose par le sabre.

Que pour le moment on détruise au Liban ce ferment de discorde qui depuis des siècles s'alimente au contact de deux races ennemies, qu'on sépare les Maronites des Druses, et par là on coupera court à toute occasion prochaine de troubles. Ce foyer perpétuel de prétextes et de dissensions enlevé, il sera facile aux grandes puissances d'obtenir de la Porte telles mesures qui assureront d'une manière efficace la tranquillité de nos chrétiens d'Orient, sans qu'il soit nécessaire de recourir à des mesures violentes dont nul ne saurait prévoir ni les conséquences ni la fin.

Nous croyons avoir parcouru tout le cercle des objections qui peuvent être faites à notre projet. Il nous reste à examiner une question, la plus importante de toutes, celle de savoir si les Maronites consentiront à quitter leurs montagnes pour venir s'implanter en Algérie.

Tout bienfait, par cela même qu'il s'impose, n'en est plus un. Il est donc évident que notre système est subordonné entièrement à l'assentiment volontaire qu'y donneront les parties intéressées. Ici nous ne pouvons raisonner que sur des probabilités, la nation Maronite n'ayant point encore été consultée à cet égard. Mais les nombreux liens qui depuis des siècles unissent ces chrétiens à la France, le désir de se soustraire à l'oppression des Turcs et au poignard de leurs voisins, les désastres récents qu'ils viennent d'éprouver, la mort de leurs proches, la perte de leurs fortunes, l'espoir de réparer leurs maux et de vivre désormais loin de toute vexation, à l'ombre du drapeau français, toutes ces considérations seront, nous n'en doutons pas, assez puissantes, pour leur faire accepter une offre si avantageuse. Peut-être ceux qui n'ont point eu à subir les malheurs du dernier fléau, hésiteront-ils à quitter un sol où de temps immémorial reposent leurs ancêtres ; mais, aux infortunés qui, à la lueur de l'incendie dévorant leurs demeures et leurs champs, ont pu échapper au massacre, à toutes ces familles dispersées, ruinées, à ces veuves, à ces orphelins dépouillés, sans abri, mourant de faim, l'Algérie sera une véritable terre promise.

Ne les entendez-vous pas vous dire, dans leur douleur et leur détresse, ces touchantes paroles par lesquelles les habitants de la malheureuse ville de Dar-el-Kamar terminaient leur rapport aux consuls Européens :

« Nous venons nous prosterner très humblement
« à vos pieds pour que vous ayez pitié de notre sort.
« Nous vous supplions de nous faire quitter à jamais
« ce pays, où nous ne sommes plus en sûreté, et que
« nous ne saurions plus habiter, car nous ne pou-
« vons plus y trouver aucune sécurité ni aucun
« moyen d'y gagner notre pain de chaque jour.
« Nous vous prions instamment de nous accorder
« cette faveur, par pitié pour nos âmes inconsola-
« bles, et de nous envoyer loin de ce pays, de nous
« faire transporter sur le coin de terre que vous vou-
« drez bien nous assigner pour y passer le reste de
« nos tristes jours. »

A ce cri de tant d'âmes en peine, qui s'était déjà produit en 1846 et qui vient de nouveau de se faire entendre d'une manière si lamentable en 1860, la France ne saurait plus rester sourde. Ce n'est pas assez qu'elle venge les morts, il faut encore qu'elle donne un asile et du pain aux survivants. L'Algérie peut tout cela ; qu'elle leur ouvre largement ses portes. En agissant ainsi, elle servira non seulement ses propres intérêts, mais encore la cause de la politique, et par dessus tout celle de l'humanité, qui est et sera toujours le premier mobile de ses actions et la gloire la plus pure écrite au front de la nation française.

FIN.

NOTES.

Note A (page 9). — La religion des Druses est peu connue. On sait seulement, comme nous l'avons dit, qu'ils adorent un veau (1).

Le lecteur nous saura donc gré de consigner ici l'intéressante communication qui nous a été faite à cet égard par un témoin oculaire, qui habite aujourd'hui le village de Saint-Eugène, près Alger. Nous le laisserons parler :

« Il y a quelques années, je me rendis dans la Syrie, mon pays natal, que je n'avais pas vu depuis 1830. Pendant un séjour de deux ans que j'y fis, j'eus occasion, grâce à mes nombreuses relations de parenté, de parcourir en tout sens la partie Sud du mont Liban. Au retour d'un pélerinage aux Saints Lieux, je fus retenu quelque temps à Chefa-Amer, chez un membre de ma famille, et là je me liai d'amitié avec une jeune fille druse d'une beauté parfaite, ce qui est dire beaucoup dans un pays où toutes les femmes sont belles.

« Dans nos conversations journalières, je la questionnais souvent sur la religion de ses pères, et par elle j'appris bien des détails qu'ignorent ceux même qui vivent continuellement au milieu de ces sectaires. Ses récits à la fin piquèrent tellement ma curiosité, que je résolus à tout prix de me convaincre par mes propres yeux de ce qu'il pouvait y avoir de vrai dans les affirmations naïves de ma bonne Ezbaïkia. Je voulus assister à une de leurs cérémonies.

« Longtemps elle chercha à me dissuader d'un tel projet ; mais ni ses craintes, ni ses prières, ne purent m'en détourner. Une fois ma résolution bien arrêtée, il ne me resta plus qu'à choisir le jour où je la mettrais à exécution. Auparavant, je devais me munir d'un costume de Druse. Ce fut elle-même qui me le procura en opérant un larcin momentané dans la garde-robe de son frère. Elle voulut bien en outre me donner quelques leçons préliminaires de poses et de maintien et m'initier comme par anticipation aux mystères dont j'allais être le témoin. D'ailleurs, elle devait toujours être à mes côtés ; et, quoi qu'il advînt, je ne devais la quitter non plus que son ombre. C'était même là une condition expresse. Elle fit plus ; elle me força à le jurer par serment. Je ne me rendais pas bien compte alors de cette obligation imposée d'une manière si péremptoire : je le compris plus tard.

« Les cérémonies au temple ont lieu une fois par mois et le soir. Le jour fixé, à la tombée de la nuit, ensemble nous nous dirigeâmes vers le lieu où se portait la foule des Druses. La cérémonie commença. Le dieu-veau fut présenté par les prêtres à l'adoration des assistants. On entonna des prières, on fit force prostrations et génuflexions. Puis ces mêmes prêtres firent promener le veau tout autour du temple, et chacun sur son passage lui rendait les hommages dûs à si haute divinité. Puis, hommes et femmes présents se mirent à tourbillonner, à se mêler, à chanter, à hurler, et quand les têtes furent assez échauffées, quand le désordre fut à son comble, alors, comme à un signal invisible, les lumières s'éteignirent... et je compris pourquoi ces cérémonies portent le nom de *khalta* (mélange). Je compris aussi pourquoi ma fidèle Ezbaïkia avait si longtemps refusé d'accéder à mes désirs et pourquoi, du moment où j'avais mis le pied dans le temple, elle n'avait cessé de fixer les yeux sur moi et même de me tenir par un pan de mon vêtement.

---

(1) L'illustre orientaliste Sylvestre de Sacy, a laissé sur la religion des Druses un travail en 2 vol. in-8°, qui l'occupa pendant quarante ans et qu'il publia l'année même de sa mort (1837). Il y aurait sans doute là beaucoup à puiser ; malheureusement, nous n'avons pu nous procurer cet ouvrage.

« Enfin, à l'ouverture des portes, nous pûmes tous deux nous échapper, moi la vie sauve, elle satisfaite d'avoir jusqu'au bout pu remplir son devoir de gardienne et de protectrice. »

Je terminerai ce récit par une observation : c'est que tous les villages druses n'ont pas de temples, que dans certains temples le veau est remplacé par une image qui en tient lieu (1), et que dans ceux où le veau se montre vivant, c'est la plus jolie fille de l'endroit qui est chargée du soin de lui préparer et de lui offrir sa nourriture. Jeune fille et jeune veau sont renouvelés toutes les années (2).

Note B (page 15). — Voici le texte résumé du traité signé, le 10 juillet, entre les Druses et les Maronites :

« Nous soussignés, etc., cherchant les uns et les autres à extirper les causes de désunion qui ont eu lieu, et à sauvegarder dans l'avenir la tranquillité publique, conformément aux ordres de Son Excellence, et pour l'amour du pays,

« Reconnaissant..... que devant une pareille situation, il n'y a pas d'autre moyen pour arrêter l'effusion du sang et amener la tranquillité générale, que de conclure la paix entre les parties belligérantes, conformément à la condition de celle qui fut faite en l'année 1261 de l'hégire (1845), qui est : *l'oubli de ce qui est arrivé.*

« En conséquence, il a été convenu avec l'aide de Dieu, de rédiger ce traité de paix générale, à la condition indiquée ci-dessus, et que de tout ce qui est arrivé depuis le commencement de la guerre générale jusqu'à présent, aucun des partis *n'a le droit de faire des réclamations, ni pour le présent, ni pour l'avenir*, etc. »

Inutile d'ajouter que ce traité doublement inique et dérisoire, inique puisqu'il consacrait au profit des Druses tout le mal fait et enlevait aux victimes tout recours contre leurs meurtriers et spoliateurs, dérisoire puisque l'une des parties contractantes, la plus faible, ne l'avait signé que le couteau, pour ainsi dire, sur la gorge, ne changea en rien la situation de la montagne. Les faits l'ont suffisamment prouvé depuis.

Note C (page 16). — Voici à peu près dans son entier, l'article où le journal le *Times*, du 19 juillet, estimait combien alors était nécessaire en Syrie une intervention prompte et énergique. Le même journal, il est vrai, avec la versatilité qui le caractérise, changeait quelques jours après de langage ; mais dès le principe il avait bien jugé la position. Laissons-le parler :

« Il faut, dit-il, agir promptement et vigoureusement pour sauver l'univers des crimes que la postérité lui reprocherait. Personne ne sait ce qui se passera la semaine qui vient. Le prochain courrier de Beyrouth peut fort bien nous annoncer qu'Alep a partagé le sort de Damas, qu'à Jérusalem les chrétiens de toutes les Eglises et de toutes les nations, y compris un grand nombre de protestants anglais, ont été passés au fil de l'épée.

« Avant que des secours arrivent, avant que l'on ait pu faire sentir au Turc que l'Europe ne reste pas indifférente, il est possible que tous les villages en Syrie, tous ceux de l'Asie peut-être, soient inondés de sang.

« Que doit-on faire dans un pays où ces choses arrivent si souvent et dans lequel on peut s'attendre à chaque instant à les voir arriver ? Allons-nous abandonner cette terre qui, plus que toute autre, intéresse l'humanité ? Souffrirons-nous que nos coreligionnaires y soient exter-

---

(1) Ce qui porte à croire que les Druses n'adorent réellement pas le veau et que ce n'est pour eux qu'un emblème de la divinité.

(2) M. Gérard de Nerval a raconté dans la *Revue des Deux-Mondes*, tome XX, 15 octobre 1847, un épisode assez semblable à celui que nous venons de rapporter nous-même. Ce rapprochement est assez curieux pour être noté.

minés? que leur place y soit occupée par la plus sauvage population de
l'Europe? Nous qui avons maintenu le sultan sur son trône, adhére-
rons-nous à un état de choses qui fait qu'il est aussi difficile pour un
Anglais de visiter le berceau de la chrétienté que de pénétrer dans une
mosquée de la Mecque?

« Voilà cependant ce qu'il faudra supporter et bien d'autres choses
encore, si nous n'infligeons pas promptement un châtiment énergique
à ces brigands, Druses et Arabes, et aux autorités turques, de connivence avec eux.

« Il est probable que, pour le moment, la Porte est fort effrayée.
Des troupes turques sont envoyées à Beyrouth avec quelque célérité,
et Fuad-Pacha fera de son mieux pour mettre fin à ces désordres. Mais
un homme d'Etat de Constantinople est-il capable d'arrêter le courant
du fanatisme asiatique qui a rompu toutes digues et inonde en ce moment les provinces méridionales de l'empire ? »

Le *Times* revient donc à son idée première d'une action immédiate
et vigoureuse :

« Il faut agir avec énergie, avec la plus grande activité, c'est là le
seul moyen de réussir. Mais Fuad-Pacha ou tout autre Turc est-il doué
des ressources et de l'énergie nécessaires ? Nous craignons que non.

« Si cependant il est prouvé que la Porte est incapable de maintenir l'ordre, il sera temps alors d'examiner si le Turc n'a pas assez
longtemps vécu et si les nations chrétiennes ne doivent pas délibérer
sur l'avenir de cette intéressante et malheureuse contrée. »

Note D (page 19). — Ces faits exécrables sont aujourd'hui attestés
par les relations officielles. Partout impuissance ou connivence des
Turcs.

Le 19 mai, l'œuvre d'extermination commençait à Hasbeya sous les
yeux mêmes et avec la complicité d'Osman-Bey, lieutenant-colonel du
1er régiment, 975 personnes périssaient trahies et livrées à leurs bou-
reaux par celui qui s'était chargé de les protéger.

A Dar-el-Kamar, le 20 juin, 2,100 hommes, sans compter les femmes et les petits enfants, étaient impitoyablement égorgés en présence
d'Abd-el-Selam Bey, lieutenant-colonel des troupes, de Daher-Pacha,
général de division au service du gouvernement, et de S. E. le gouverneur-général de Beyrouth, Kurchid-Pacha, ce monstre dont notre
ambassadeur à Constantinople, M. Lavalette, a exigé la destitution.

A Saïda, le mufti était, le jour du massacre, aux portes de la ville,
pour animer encore le fanatisme des meurtriers. Son fils se trouvait
parmi eux mêlé à cette horrible boucherie.

A Zahlé, à Hasbeya, à Racheya, il est encore certain que ce sont les
soldats turcs qui ont livré un à un aux Druses, pour être massacrés,
les chrétiens qui leur avaient demandé protection.

Mais nulle part, comme à Damas, la coopération des autorités turques n'a été aussi flagrante ni aussi odieuse.

Le 9 juillet, Ahmed-Pacha, gouverneur de la ville, était au quartier
chrétien avec ses troupes régulières et du canon, quand le massacre
commença. Il eut l'infamie de ne rien tenter et resta simple specta-
teur ; plus tard, ses troupes prirent part au pillage. Quant aux soldats
irréguliers, ils y avaient participé dès le commencement.

Tous ces faits sont attestés dans le rapport officiel que le consul anglais de Beyrouth a adressé à son gouvernement sur les événements de
Syrie.

Note E (page 23). — Voici cette lettre. Si la traduction est la repro-
duction fidèle du texte, il faut avouer que l'ex-émir professe aujour-
d'hui des idées bien avancées, et qui peut-être pourraient ne pas être
regardées comme très orthodoxes au point de vue de la foi musulmane,

dont il est pourtant un des docteurs. Nous aimons à croire, pour le cas
que ses coreligionnaires font de sa piété, que la présente lettre n'était
destinée qu'à voir le jour en français et qu'ainsi elle n'aura point éveillé
de susceptibilité dévote chez ses plus fervents admirateurs. Quoiqu'il
en soit, la voici telle qu'elle a été publiée par le journal *Birgis-Barys ;*
que le lecteur la juge.

« Louange à Dieu !

« J'ai été ravi de tout ce que vous avez écrit dans le *Birgis* au sujet
des Etats musulmans. Vous avez en vérité donné de bons conseils, et
vous vous seriez fait entendre si vous aviez parlé à des vivants, mais
c'est à des morts que vous faites appel. Vous avez basé votre discours
sur deux points ; vous auriez pu parler d'un troisième encore et dire
que les souverains véritablement musulmans aiment la conduite des
gens honnêtes et suivent leurs traces dans la justice et dans le mépris
des biens de ce monde, car c'est d'en haut que doit venir l'exemple
pour les petits. Hélas, hélas ! nous en sommes loin ! L'état actuel des
empires musulmans et chrétiens, tout ce qui arrive aujourd'hui a été
prédit par Mahomet en son temps, et c'est ce qui a donné tant d'autorité à ses prophéties. Il a annoncé l'anéantissement des Chosroës ; et
voilà qu'il n'y a plus de Chosroës ; il a dit aussi que les rois chrétiens
se maintiendraient au pouvoir jusqu'à la fin des siècles et que les souverains de son peuple seraient abandonnés par Dieu à cause de leur
conduite contraire à ses lois, et à cause de leur injustice et de leur
amour des biens de la terre ; il a dit enfin que le monde ne finirait que
lorsque les chrétiens seraient devenus la majorité du genre humain.
Et cet événement ne pouvait manquer d'arriver, parce que, comme a
dit Mislam, l'interprétateur autorisé de Mahomet, ils ont, entre tous,
quatre qualités qui leur assurent le succès dans l'avenir : la clémence
dans la victoire, la résistance dans la défaite, l'énergie dans le retour
offensif et la bienfaisance envers les pauvres, les faibles et les orphelins. — J'ajouterai, pour moi, qu'à tous ces dons, ils en joignent un
plus grand encore, c'est de savoir se soustraire, quand il le faut, à
l'injustice et à l'oppression de leurs rois.

« Je pleure, ô mon Dieu ! sur l'anéantissement de l'islamisme. Nous
sommes à Dieu et nous retournons à lui.

« En ce moment, un désordre épouvantable règne parmi les Druses
et les Maronites. Partout le mal a des racines profondes. On se tue et
l'on s'égorge en tous lieux. Dieu veuille que les choses aient une meilleure fin. »

« Damas, 21 Dou-al-Kahda 1276 (10 juin 1860). »

Note F (page 26). — Dans la séance du 7 avril 1856 de la Chambre
des représentants belges, au sujet d'une pétition tendant à ce que le
gouvernement prît des mesures pour arrêter la migration qui commençait à se produire dans ce pays d'une manière effrayante, M. Roden-
bach s'exprimait ainsi :

« Je ne m'oppose pas au renvoi de cette pétition à M. le Ministre
de l'intérieur, mais je ne crois pas que le gouvernement *puisse empêcher* les personnes qui désirent augmenter leur bien-être de se rendre en Amérique ou ailleurs. Tout ce qu'il pourrait faire serait de
prendre des mesures pour mettre les émigrants à l'abri de l'exploita-
tion dont ils sont souvent victimes.

« Ainsi, loin d'empêcher cette émigration, *on n'en a pas le droit,* le
gouvernement doit la protéger. »

La plupart des membres qui prirent part à la discussion, MM. Julliot,
F. de Mérode, de Haërne, parlèrent dans le même sens et le vote de
la Chambre prouva qu'elle partageait leur opinion.

Le droit que l'on reconnaît aux Belges et à tous les autres peuples de
l'Europe, la France, ce nous semble, pourrait bien l'imposer à la Tur-

quie, si elle refusait d'y donner son approbation ; mais elle l'accordera.

Note G (page 53).— Zahlé a cependant offert une héroïque résistance.

« Au nombre de deux mille, dit un témoin oculaire, les Zahliotes
« ont soutenu bravement pendant une semaine le choc de dix-sept
« mille Druses ; mais une volonté supérieure voulait que Zahlé tombât,
« et il est tombé baigné par le sang de ses héros ; oui, héros ! car il ne
« se sont pas défendus à la distance des balles, ils se sont défendus à
« l'arme blanche et corps à corps ! »

Voici au surplus comment M. Lenormand, dont la correspondance a
été si fort remarquée dans ces derniers temps, expliquait cette inaction forcée des Maronites en face de leurs égorgeurs. C'est au *Journal
des Débats* qu'il écrivait la lettre suivante :

« Une chose a dû surprendre beaucoup de personnes, c'est le peu
de résistance qu'ont fait partout les chrétiens et la rapidité avec laquelle les choses de guerre sont devenues boucherie. Cependant les
Maronites passaient jusqu'ici pour une population belliqueuse et bien
armée, qu'il n'était pas facile de vaincre ; d'ailleurs ils sont dans le
Liban 170,000 contre 80,000 Druses, et la supériorité de leur nombre
devrait à elle seule les protéger. Aussi, en Syrie même, ai-je entendu
bien des gens les taxer de lâcheté.

« Ce reproche encore est injuste. Les Maronites ne se sont pas montrés des lâches. Durant les premiers jours des événements, tant que la
lutte a été possible, tant qu'ils n'ont eu devant eux que les Druses de
la montagne, à Beit-Meri, à Hamana, dans tout le Metu, ils se sont
battus avec courage et ont eu d'abord quelques succès. Mais bientôt la
résistance a été au-dessus des forces humaines ; leurs ennemis se sont
multipliés ; il en est venu de partout. Tous les musulmans indigènes,
les Métualis eux-mêmes, ces Arabes de la secte d'Ali, qui, d'ordinaire
se joignaient aux chrétiens par haine des musulmans Sunnis, ont fait
cause commune avec les Druses. La population druse de la contrée
reculée du Hauran est venue tout entière prêter la main à ses coreligionnaires du Liban. Enfin, alléchées par l'appât du pillage, toutes les
tribus nomades de la Célée-Syrie, ou Bekkaa, habitant jusqu'au-delà
de Baalbeck et dans les environs de Palmyre, sont accourues sur cette
malheureuse contrée. Le Liban a été le théâtre d'une véritable invasion
de barbares. Et néanmoins, dans Zahleh, 2,000 chrétiens ont tenu près
d'une semaine contre 17,000 assaillants ; puis, manquant de vivres et
de munitions, ont opéré leur retraite en bon ordre au travers des masses ennemies.

« C'est seulement lorsque l'hostilité des autorités ottomanes est devenue manifeste, lorsque l'affaire de Dar-el-Kamar a eu jeté un jour
sinistre sur leurs intentions, que le désespoir s'est emparé des chrétiens. Alors ils n'ont plus tenté de résistance et on a vu le spectacle,
qui se produit quelquefois dans les temps de révolution, d'un peuple
naturellement brave, tellement affolé de terreur, qu'il se laisse égorger
sans plus de défense. J'ai été témoin de ce spectacle en Syrie, et j'y
ai compris pour la première fois les massacres de septembre et la
Terreur. »